Jeannot et Colin

Du même auteur

Candide, Librio n° 31
Zadig ou la Destinée, Librio n° 77
L'Ingénu, Librio n° 180
La Princesse de Babylone, Librio n° 356

Voltaire

Jeannot et Colin

et autres contes philosophiques

Texte intégral

Jeannot et Colin

Plusieurs personnes dignes de foi ont vu Jeannot et Colin à l'école dans la ville d'Issoire en Auvergne, ville fameuse dans tout l'univers par son collège, et par ses chaudrons. Jeannot était fils d'un marchand de mulets très renommé, et Colin devait le jour à un brave laboureur des environs, qui cultivait la terre avec quatre mulets, et qui, après avoir payé la taille, le taillon, les aides et gabelles, le sou pour livre, la capitation et les vingtièmes, ne se trouvait pas puissamment riche au bout de l'année.

Jeannot et Colin étaient fort jolis pour des Auvergnats; ils s'aimaient beaucoup; et ils avaient ensemble de petites privautés, de petites familiarités, dont on se ressouvient toujours avec agrément quand on se rencontre ensuite dans le monde.

Le temps de leurs études était sur le point de finir, quand un tailleur apporta à Jeannot un habit de velours à trois couleurs, avec une veste de Lyon de fort bon goût: le tout était accompagné d'une lettre à M. de la Jeannotière. Colin admira l'habit, et ne fut point jaloux; mais Jeannot prit un air de supériorité qui affligea Colin. Dès ce moment Jeannot n'étudia plus, se regarda au miroir et méprisa tout le monde. Quelque temps après un valet de chambre arrive en poste, et apporte une seconde lettre à M. le marquis de la Jeannotière; c'était un ordre de monsieur son père de faire venir monsieur son fils à Paris. Jeannot monta en chaise en tendant la main à Colin avec un sourire de protection assez noble. Colin sentit son néant et pleura. Jeannot partit dans toute la pompe de sa gloire.

Les lecteurs qui aiment à s'instruire doivent savoir que M. Jeannot le père avait acquis assez rapidement des biens immenses dans les affaires. Vous demandez comment on fait ces grandes fortunes? C'est parce qu'on est heureux. M. Jeannot était bien fait, sa femme aussi, et elle avait encore de la fraîcheur. Ils allèrent à Paris pour un procès qui les ruinait, lorsque la fortune, qui élève et qui abaisse les hommes à son gré, les présenta à la femme d'un entrepreneur des hôpitaux des armées, homme d'un grand talent, et qui pouvait se vanter d'avoir tué plus de soldats en un an que le canon n'en fait périr en dix. Jeannot plut à madame : la femme de Jeannot plut à monsieur. Jeannot fut bientôt de part dans l'entreprise ; il entra dans d'autres affaires. Dès qu'on est dans le fil de l'eau, il n'y a qu'à se laisser aller ; on fait sans peine une fortune immense. Les gredins, qui du rivage vous regardent voguer à pleines voiles, ouvrent des yeux étonnés ; ils ne savent comment vous avez pu parvenir ; ils vous envient au hasard, et font contre vous des brochures que vous ne lisez point. C'est ce qui arriva à Jeannot le père, qui fut bientôt M. de la Jeannotière, et qui, ayant acheté un marquisat au bout de six mois, retira de l'école monsieur le marquis son fils, pour le mettre à Paris dans le beau monde.

Colin, toujours tendre, écrivit une lettre de compliments à son ancien camarade, *et lui fit ces lignes pour le congratuler.* Le petit marquis ne lui fit point de réponse. Colin en fut malade de douleur.

Le père et la mère donnèrent d'abord un gouverneur au jeune marquis : ce gouverneur, qui était un homme du bel air, et qui ne savait rien, ne put rien enseigner à son pupille. Monsieur voulait que son fils apprît le latin, madame ne le voulait pas. Ils prirent pour arbitre un auteur qui était célèbre alors par des ouvrages agréables. Il fut prié à dîner. Le maître de la maison commença par lui dire d'abord : « Monsieur, comme vous savez le latin, et que vous êtes un homme de la cour... — Moi, monsieur, du latin ! je n'en sais pas un mot, répondit le bel esprit, et bien m'en a pris : il est clair qu'on parle beaucoup mieux sa langue quand on ne partage pas son application entre elle et des langues étrangères. Voyez toutes nos dames : elles ont l'esprit plus agréable que les hommes ; leurs lettres sont écrites avec cent fois plus de grâce ; elles n'ont sur nous cette supériorité que parce qu'elles ne savent pas le latin.

— Eh bien, n'avais-je pas raison ? dit madame. Je veux que mon fils soit un homme d'esprit, qu'il réussisse dans le monde ; et vous voyez bien que, s'il savait le latin, il serait perdu. Joue-t-on, s'il vous plaît, la comédie et l'opéra en latin ? Plaide-t-on en latin quand on a un procès ? Fait-on l'amour en latin ? »

Monsieur, ébloui de ces raisons, passa condamnation, et il fut conclu que le jeune marquis ne perdrait point son temps à connaître Cicéron, Horace et Virgile. Mais qu'apprendra-t-il donc ? car encore faut-il qu'il sache quelque chose ; ne pourrait-on pas lui montrer un peu de géographie ? « À quoi cela lui servira-t-il ? répondit le gouverneur. Quand monsieur le marquis ira dans ses terres, les postillons ne sauront-ils pas les chemins ? ils ne l'égareront certainement pas. On n'a pas besoin d'un quart de cercle pour voyager, et on va très commodément de Paris en Auvergne sans qu'il soit besoin de savoir sous quelle latitude on se trouve.

— Vous avez raison, répliqua le père ; mais j'ai entendu parler d'une belle science qu'on appelle, je crois, l'*astronomie*.

— Quelle pitié ! repartit le gouverneur ; se conduit-on par les astres dans ce monde ? et faudra-t-il que monsieur le marquis se tue à calculer une éclipse, quand il la trouve à point nommé dans l'almanach, qui lui enseigne de plus les fêtes mobiles, l'âge de la lune, et celui de toutes les princesses de l'Europe ? »

Madame fut entièrement de l'avis du gouverneur. Le petit marquis était au comble de la joie ; le père était très indécis. « Que faudra-t-il donc apprendre à mon fils ? disait-il. — À être aimable, répondit l'ami que l'on consultait ; et, s'il sait *les moyens de plaire*, il saura tout : c'est un art qu'il apprendra chez madame sa mère, sans que ni l'un ni l'autre ne se donnent la moindre peine. »

Madame, à ce discours, embrassa le gracieux ignorant, et lui dit : « On voit bien, monsieur, que vous êtes l'homme du monde le plus savant ; mon fils vous devra toute son éducation. Je m'imagine pourtant qu'il ne serait pas mal qu'il sût un peu d'histoire. — Hélas ! madame, à quoi cela est-il bon ? répondit-il ; il n'y a certainement d'agréable et d'utile que l'histoire du jour. Toutes les histoires anciennes, comme le disait un de nos beaux esprits, ne sont que des fables convenues ; et, pour les modernes, c'est un chaos qu'on ne peut débrouiller. Qu'importe à monsieur votre fils que Charlemagne ait institué les douze pairs de France, et que son successeur ait été bègue ?

— Rien n'est mieux dit ! s'écria le gouverneur ; on étouffe l'esprit des enfants sous un amas de connaissances inutiles ; mais de toutes les sciences, la plus absurde à mon avis, et celle qui est la plus capable d'étouffer toute espèce de génie, c'est la géométrie. Cette science ridicule a pour objet des surfaces, des lignes et des points qui n'existent pas dans la nature. On fait passer en esprit cent mille lignes courbes entre un cercle et une ligne droite qui le touche, quoique dans la réalité on n'y puisse pas passer un fétu. La géométrie, en vérité, n'est qu'une mauvaise plaisanterie.»

Monsieur et madame n'entendaient pas trop ce que le gouverneur voulait dire; mais ils furent entièrement de son avis.

«Un seigneur comme monsieur le marquis, continua-t-il, ne doit pas se dessécher le cerveau dans ces vaines études. Si un jour il a besoin d'un géomètre sublime pour lever le plan de ses terres, il les fera arpenter pour son argent. S'il veut débrouiller l'antiquité de sa noblesse, qui remonte aux temps les plus reculés, il enverra chercher un bénédictin. Il en est de même de tous les arts. Un jeune seigneur heureusement né n'est ni peintre, ni musicien, ni architecte, ni sculpteur; mais il fait fleurir tous ces arts en les encourageant par sa magnificence. Il vaut sans doute mieux les protéger que de les exercer; il suffit que monsieur le marquis ait du goût; c'est aux artistes à travailler pour lui; et c'est en quoi on a très grande raison de dire que les gens de qualité (*j'entends ceux qui sont très riches*) savent tout sans avoir rien appris, parce qu'en effet ils savent à la longue juger de toutes les choses qu'ils commandent et qu'ils payent.»

L'aimable ignorant prit alors la parole, et dit: «Vous avez très bien remarqué, madame, que la grande fin de l'homme est de réussir dans la société. De bonne foi, est-ce par les sciences qu'on obtient ce succès? S'est-on jamais avisé dans la bonne compagnie de parler de géométrie? Demande-t-on jamais à un honnête homme quel astre se lève aujourd'hui avec le soleil? S'informe-t-on à souper si Clodion le chevelu passa le Rhin? — Non, sans doute, s'écria la marquise de la Jeannotière, que ses charmes avaient initiée quelquefois dans le beau monde; et monsieur mon fils ne doit point éteindre son génie par l'étude de tous ces fatras; mais enfin que lui apprendra-t-on? Car il est bon qu'un jeune seigneur puisse briller dans l'occasion, comme dit monsieur mon mari. Je me souviens d'avoir ouï dire à un abbé, que la plus agréable des sciences était une chose dont j'ai oublié le nom, mais qui commence par un *B*. — Par un *B*, madame? ne serait-ce point la botanique? — Non, ce n'était point de botanique qu'il me parlait; elle commençait, vous dis-je, par un *B*, et finissait par un *on*. — Ah! j'entends, madame, c'est le blason: c'est à la vérité une science fort profonde: mais elle n'est plus à la mode, depuis qu'on a perdu l'habitude de faire peindre ses armes aux portières de son carrosse ; c'était la chose du monde la plus utile dans un État bien policé. D'ailleurs, cette étude serait infinie ; il n'y a point aujourd'hui de barbier qui n'ait ses armoiries ; et vous savez que tout ce qui devient commun est peu fêté. » Enfin, après avoir examiné le fort et le faible des sciences, il fut décidé que monsieur le marquis apprendrait à danser.

La nature, qui fait tout, lui avait donné un talent qui se développa bientôt avec un succès prodigieux, c'était de chanter agréablement des vaudevilles. Les grâces de la jeunesse, jointes à ce don supérieur, le firent regarder comme le jeune homme de la plus grande espérance. Il fut aimé des femmes, et ayant la tête toute pleine de chansons, il en fit pour ses maîtresses. Il pillait *Bacchus et l'Amour* dans un vaudeville, *La Nuit et le Jour* dans un autre, *Les Charmes et les Alarmes* dans un troisième. Mais, comme il y avait toujours dans ses vers quelques pieds de plus ou de moins qu'il ne fallait, il les faisait corriger moyennant vingt louis d'or par chanson, et il fut mis dans l'*Année littéraire* au rang des La Fare, des Chaulieu, des Hamilton, des Sarrazin et des Voiture.

Madame la marquise crut alors être la mère d'un bel esprit, et donna à souper aux beaux esprits de Paris. La tête du jeune homme fut bientôt renversée ; il acquit l'art de parler sans s'entendre, et se perfectionna dans l'habitude de n'être propre à rien. Quand son père le vit si éloquent, il regretta vivement de ne lui avoir pas fait apprendre le latin, car il lui aurait acheté une grande charge dans la robe. La mère, qui avait des sentiments plus nobles, se chargea de solliciter un régiment pour son fils ; et en attendant il fit l'amour. L'amour est quelquefois plus cher qu'un régiment. Il dépensa beaucoup, pendant que ses parents s'épuisaient encore davantage à vivre en grands seigneurs.

Une jeune veuve de qualité, leur voisine, qui n'avait qu'une fortune médiocre, voulut bien se résoudre à mettre en sûreté les grands biens de M. et de Mme de la Jeannotière, en se les appropriant, et en épousant le jeune marquis. Elle l'attira chez elle, se laissa aimer, lui fit entrevoir qu'il ne lui était pas indifférent, le conduisit par degrés, l'enchanta, le subjugua sans peine. Elle lui donnait tantôt des éloges, tantôt des conseils ; elle devint la meilleure amie du père et de la mère. Une vieille voisine proposa le mariage. Les parents, éblouis de la splendeur de cette alliance, acceptèrent avec joie la proposition. Ils donnèrent leur fils unique à leur amie intime. Le jeune marquis allait épouser une femme qu'il adorait et dont il était aimé; les amis de la maison le félicitaient, on allait rédiger les articles en travaillant aux habits de noce et à l'épithalame.

Il était un matin aux genoux de sa charmante épouse, que l'amour, l'estime et l'amitié allaient lui donner; ils goûtaient dans une conversation tendre et animée les prémices de leur bonheur; ils s'arrangeaient pour mener une vie délicieuse; lorsqu'un valet de chambre de madame la mère arrive tout effaré. «Voici bien d'autres nouvelles, dit-il; des huissiers déménagent la maison de monsieur et de madame; tout est saisi par des créanciers: on parle de prise de corps, et je vais faire mes diligences pour être payé de mes gages. — Voyons un peu, dit le marquis, ce que c'est que ça, ce que c'est que cette aventure-là. — Oui, dit la veuve, allez punir ces coquins-là, allez vite.» Il y court, il arrive à la maison; son père était déjà emprisonné: tous les domestiques avaient fui chacun de leur côté, en emportant tout ce qu'ils avaient pu. Sa mère était seule, sans secours, sans consolation, noyée dans les larmes; il ne lui restait rien que le souvenir de sa fortune, de sa beauté, de ses fautes et de ses folles dépenses.

Après que le fils eut longtemps pleuré avec la mère, il lui dit enfin: «Ne nous désespérons pas; cette jeune veuve m'aime éperdument, elle est plus généreuse encore que riche, je réponds d'elle, je vole à elle, et je vais vous l'amener.» Il retourne donc chez sa maîtresse, il la trouve tête à tête avec un jeune officier fort aimable. «Quoi! c'est vous, monsieur de la Jeannotière, que venez-vous faire ici? Abandonne-t-on ainsi sa mère? Allez chez cette pauvre femme, et dites-lui que je lui veux toujours du bien: j'ai besoin d'une femme de chambre, et je lui donnerai la préférence. — Mon garçon, tu me parais assez bien tourné, lui dit l'officier, si tu veux entrer dans ma compagnie, je te donnerai un bon engagement.»

Le marquis stupéfait, la rage dans le cœur, alla chercher son ancien gouverneur, déposa ses douleurs dans son sein, et lui demanda des conseils. Celui-ci lui proposa de se faire, comme lui, gouverneur d'enfants. «Hélas! je ne sais rien, vous ne m'avez rien appris, et vous êtes la première cause de mon malheur»; et il sanglotait en lui parlant ainsi. «Faites des romans, lui dit un bel esprit qui était là, c'est une excellente ressource à Paris.»

Le jeune homme, plus désespéré que jamais, courut chez le confesseur de sa mère: c'était un théatin très accrédité, qui ne dirigeait que les femmes de la première considération; dès qu'il le vit, il se précipita vers lui. «Eh mon Dieu, monsieur le marquis, où est votre carrosse? comment se porte la respectable madame la marquise votre mère?» Le pauvre malheureux lui conta le désastre de sa famille. À mesure qu'il s'expliquait, le théatin prenait une mine plus grave, plus indifférente, plus imposante: «Mon fils, voilà où Dieu vous voulait: les richesses ne servent qu'à corrompre le cœur. Dieu a donc fait la grâce à votre mère de la réduire à la mendicité? — Oui, monsieur. — Tant mieux, elle est sûre de son salut. — Mais, mon Père, en attendant n'y aurait-il pas moyen d'obtenir quelque secours dans ce monde? — Adieu, mon fils; il y a une dame de la cour qui m'attend.»

Le marquis fut prêt à s'évanouir; il fut traité à peu près de même par ses amis, et apprit mieux à connaître le monde dans une demi-journée que dans tout le reste de sa vie.

Comme il était plongé dans l'accablement du désespoir, il vit avancer une chaise roulante à l'antique, espèce de tombereau couvert, accompagné de rideaux de cuir, suivi de quatre charrettes énormes toutes chargées. Il y avait dans la chaise un jeune homme grossièrement vêtu; c'était un visage rond et frais qui respirait la douceur et la gaieté. Sa petite femme, brune, et assez grossièrement agréable, était cahotée à côté de lui. La voiture n'allait pas comme le char d'un petit-maître. Le voyageur eut tout le temps de contempler le marquis immobile, abîmé dans sa douleur. «Eh mon Dieu! s'écria-t-il, je crois que c'est là Jeannot.» À ce nom le marquis lève les yeux, la voiture s'arrête: «C'est Jeannot lui-même, c'est Jeannot.» Le petit homme rebondi ne fait qu'un saut et court embrasser son ancien camarade. Jeannot reconnut Colin; la honte et les pleurs couvrirent son visage. «Tu m'as abandonné, dit Colin, mais tu as beau être grand seigneur, je t'aimerai toujours.» Jeannot confus et attendri lui conta en sanglotant une partie de son histoire. «Viens dans l'hôtellerie où je loge me conter le reste, lui dit Colin, embrasse ma petite femme, et allons dîner ensemble.»

Ils vont tous trois à pied, suivis du bagage. «Qu'est-ce donc que tout cet attirail? Vous appartient-il? — Oui, tout est à moi et à ma femme. Nous arrivons du pays; je suis à la tête d'une bonne manufacture de fer étamé et de cuivre. J'ai épousé la fille d'un riche négociant en ustensiles nécessaires aux grands et aux petits; nous travaillons beaucoup; Dieu nous bénit; nous n'avons point changé d'état, nous sommes heureux, nous aiderons notre ami Jeannot. Ne sois plus marquis; toutes les grandeurs de ce monde ne valent pas un bon ami. Tu reviendras avec moi au pays, je t'apprendrai le métier, il n'est pas bien difficile; je te mettrai de part, et nous vivrons gaiement dans le coin de terre où nous sommes nés.»

Jeannot, éperdu, se sentait partagé entre la douleur et la joie, la tendresse et la honte; et il se disait tout bas: «Tous mes amis du bel air m'ont trahi, et Colin que j'ai méprisé vient seul à mon secours. Quelle instruction!» La bonté d'âme de Colin développa dans le cœur de Jeannot le germe du bon naturel, que le monde n'avait pas encore étouffé. Il sentit qu'il ne pouvait abandonner son père et sa mère. «Nous aurons soin de ta mère, dit Colin; et quant à ton bon homme de père, qui est en prison, j'entends un peu les affaires; ses créanciers, voyant qu'il n'a plus rien, s'accommoderont pour peu de chose, je me charge de tout.» Colin fit tant qu'il tira le père de prison. Jeannot retourna dans sa patrie avec ses parents, qui reprirent leur première profession. Il épousa une sœur de Colin, laquelle, étant de même humeur que le frère, le rendit très heureux. Et Jeannot le père, et Jeannotte la mère, et Jeannot le fils, virent que le bonheur n'est pas dans la vanité.

Histoire des voyages de Scarmentado

écrite par lui-même

Je naquis dans la ville de Candie, en 1600. Mon père en était gouverneur; et je me souviens qu'un poète médiocre, qui n'était pas médiocrement dur, nommé Iro, fit de mauvais vers à ma louange, dans lesquels il me faisait descendre de Minos en droite ligne; mais, mon père ayant été disgracié, il fit d'autres vers où je ne descendais plus que de Pasiphaé et de son amant. C'était un bien méchant homme que cet Iro, et le plus ennuyant coquin qui fût dans l'île.

Mon père m'envoya à l'âge de quinze ans étudier à Rome. J'arrivai dans l'espérance d'apprendre toutes les vérités; car jusque-là on m'avait enseigné tout le contraire, selon l'usage de ce bas monde depuis la Chine jusqu'aux Alpes. Monsignor Profondo, à qui j'étais recommandé, était un homme singulier et un des plus terribles savants qu'il y eût au monde. Il voulut m'apprendre les catégories d'Aristote, et fut sur le point de me mettre dans la catégorie de ses mignons: je l'échappai belle. Je vis des processions, des exorcismes et quelques rapines. On disait, mais très faussement, que la *signora* Olimpia, personne d'une grande prudence, vendait beaucoup de choses qu'on ne doit point vendre. J'étais dans un âge où tout cela me paraissait fort plaisant. Une jeune dame de mœurs très douces, nommée la *signora* Fatelo, s'avisa de m'aimer. Elle était courtisée par le révérend père Poignardini et par le révérend père Aconiti, jeunes profès d'un ordre qui ne subsiste plus: elle les mit d'accord en me donnant ses bonnes grâces; mais en même temps je courus le risque d'être excommunié, et empoisonné. Je partis très content de l'architecture de Saint-Pierre.

Je voyageai en France; c'était le temps du règne de Louis le juste. La première chose qu'on me demanda, ce fut si je voulais à mon déjeuner un petit morceau du maréchal d'Ancre, dont le peuple avait fait rôtir la chair, et qu'on distribuait à fort bon compte à ceux qui en voulaient.

Cet État était continuellement en proie aux guerres civiles, quelquefois pour une place au conseil, quelquefois pour deux pages de controverse. Il y avait plus de soixante ans que ce feu, tantôt couvert et tantôt soufflé avec violence, désolait ces beaux climats. C'étaient là des libertés de l'Église gallicane. «Hélas! dis-je, ce peuple est pourtant né doux: qui peut l'avoir tiré ainsi de son caractère? Il plaisante, et il fait des Saint-Barthélemy. Heureux le temps où il ne fera que plaisanter!»

Je passai en Angleterre: les mêmes querelles y excitaient les mêmes fureurs. De saints catholiques avaient résolu, pour le bien de l'Église, de faire sauter en l'air, avec de la poudre, le roi, la famille royale et tout le parlement, et de délivrer l'Angleterre de ces hérétiques. On me montra la place où la bienheureuse reine Marie, fille de Henri VIII, avait fait brûler plus de cinq cents de ses sujets. Un prêtre hibernois m'assura que c'était une très bonne action: premièrement, parce que ceux qu'on avait brûlés étaient Anglais; en second lieu, parce qu'ils ne prenaient jamais d'eau bénite, et qu'ils ne croyaient pas au trou de saint Patrice. Il s'étonnait surtout que la reine Marie ne fût pas encore canonisée; mais il espérait qu'elle le serait bientôt, quand le cardinal-neveu aurait un peu de loisir.

J'allai en Hollande, où j'espérais trouver plus de tranquillité chez des peuples plus flegmatiques. On coupait la tête à un vieillard vénérable lorsque j'arrivai à La Haye. C'était la tête chauve du premier ministre Barneveldt, l'homme qui avait le mieux mérité de la République. Touché de pitié, je demandai quel était son crime, et s'il avait trahi l'État. «Il a fait bien pis, me répondit un prédicant à manteau noir: c'est un homme qui croit que l'on peut se sauver par les bonnes œuvres aussi bien que par la foi. Vous sentez bien que si de telles opinions s'établissaient, une république ne pourrait subsister, et qu'il faut des lois sévères pour réprimer de si scandaleuses horreurs.» Un profond politique du pays me dit en soupirant: «Hélas! monsieur, le bon temps ne durera pas toujours; ce n'est que par hasard que ce peuple est si zélé; le fond de son caractère est porté au dogme abominable de la tolérance; un jour il y viendra: cela fait frémir.» Pour moi, en attendant que ce temps funeste de la modération et

de l'indulgence fût arrivé, je quittai bien vite un pays où la sévé-
rité n'était adoucie par aucun agrément, et je m'embarquai pour
l'Espagne.

La cour était à Séville ; les galions étaient arrivés ; tout respirait
l'abondance et la joie dans la plus belle saison de l'année. Je vis
au bout d'une allée d'orangers et de citronniers une espèce de lice
immense entourée de gradins couverts d'étoffes précieuses. Le
roi, la reine, les infants, les infantes, étaient sous un dais superbe.
Vis-à-vis de cette auguste famille était un autre trône, mais plus
élevé. Je dis à un de mes compagnons de voyage : « À moins que
ce trône ne soit réservé pour Dieu, je ne vois pas à quoi il peut
servir. » Ces indiscrètes paroles furent entendues d'un grave
Espagnol et me coûtèrent cher. Cependant je m'imaginais que
nous allions voir quelque carrousel ou quelque fête de taureaux,
lorsque le grand inquisiteur parut sur ce trône, d'où il bénit le roi
et le peuple.

Ensuite vint une armée de moines défilant deux à deux, blancs,
noirs, gris, chaussés, déchaussés, avec barbe, sans barbe, avec
capuchon pointu, et sans capuchon ; puis marchait le bourreau ;
puis on voyait au milieu des alguazils et des grands environ quarante personnes couvertes de sacs sur lesquels on avait peint des
diables et des flammes. C'étaient des juifs qui n'avaient pas voulu
renoncer absolument à Moïse, c'étaient des chrétiens qui avaient
épousé leurs commères, ou qui n'avaient pas adoré Notre-Dame
d'Atocha, ou qui n'avaient pas voulu se défaire de leur argent
comptant en faveur des frères hiéronymites. On chanta dévote-
ment de très belles prières, après quoi on brûla à petit feu tous
les coupables ; de quoi toute la famille royale parut extrêmement
édifiée.

Le soir, dans le temps que j'allais me mettre au lit, arri-
vèrent chez moi deux familiers de l'Inquisition avec la sainte
Hermandad : ils m'embrassèrent tendrement, et me menèrent,
sans me dire un seul mot, dans un cachot très frais, meublé d'un
lit de natte et d'un beau crucifix. Je restai là six semaines, au
bout desquelles le révérend père inquisiteur m'envoya prier de
venir lui parler : il me serra quelque temps entre ses bras, avec
une affection toute paternelle ; il me dit qu'il était sincèrement
affligé d'avoir appris que je fusse si mal logé ; mais que tous les
appartements de la maison étaient remplis, et qu'une autre fois il

espérait que je serais plus à mon aise. Ensuite il me demanda cordialement si je ne savais pas pourquoi j'étais là. Je dis au révérend père que c'était apparemment pour mes péchés. «Eh bien, mon cher enfant, pour quel péché? Parlez-moi avec confiance.» J'eus beau imaginer, je ne devinai point; il me mit charitablement sur les voies.

Enfin je me souvins de mes indiscrètes paroles. J'en fus quitte pour la discipline et une amende de trente mille réales. On me mena faire révérence au grand inquisiteur: c'était un homme poli, qui me demanda comment j'avais trouvé sa petite fête. Je lui dis que cela était délicieux, et j'allai presser mes compagnons de voyage de quitter ce pays, tout beau qu'il est. Ils avaient eu le temps de s'instruire de toutes les grandes choses que les Espagnols avaient faites pour la religion. Ils avaient lu les mémoires du fameux évêque de Chiapa, par lesquels il paraît qu'on avait égorgé ou brûlé ou noyé dix millions d'infidèles en Amérique pour les convertir. Je crus que cet évêque exagérait; mais, quand on réduirait ces sacrifices à cinq millions de victimes, cela serait encore admirable.

Le désir de voyager me pressait toujours. J'avais compté finir mon tour de l'Europe par la Turquie; nous en prîmes la route. Je me proposai bien de ne plus dire mon avis sur les fêtes que je verrais. «Ces Turcs, dis-je à mes compagnons, sont des mécréants, qui n'ont point été baptisés, et qui par conséquent seront bien plus cruels que les révérends pères inquisiteurs. Gardons le silence quand nous serons chez les mahométans.»

J'allai donc chez eux. Je fus étrangement surpris de voir en Turquie beaucoup plus d'églises chrétiennes qu'il n'y en avait dans Candie. J'y vis jusqu'à des troupes nombreuses de moines qu'on laissait prier la vierge Marie librement, et maudire Mahomet, ceux-ci en grec, ceux-là en latin, quelques autres en arménien. «Les bonnes gens que les Turcs!» m'écriai-je. Les chrétiens grecs et les chrétiens latins étaient ennemis mortels dans Constantinople; ces esclaves se persécutaient les uns les autres, comme des chiens qui se mordent dans la rue, et à qui leurs maîtres donnent des coups de bâton pour les séparer. Le grand vizir protégeait alors les Grecs. Le patriarche grec m'accusa d'avoir soupé chez le patriarche latin, et je fus condamné en plein divan à cent coups de latte sur la plante des pieds, rachetables de cinq cents sequins. Le lendemain, le grand vizir fut étranglé; le surlendemain son successeur, qui était pour le parti des Latins, et qui ne fut étranglé qu'un mois après, me condamna à la même amende pour avoir soupé chez le patriarche grec. Je fus dans la triste nécessité de ne plus fréquenter ni l'Église grecque ni la latine. Pour m'en consoler, je pris à loyer une fort belle Circassienne, qui était la personne la plus tendre dans le tête-à-tête et la plus dévote à la mosquée. Une nuit, dans les doux transports de son amour, elle s'écria en m'embrassant: *Alla, Illa, Alla*; ce sont les paroles sacramentales des Turcs; je crus que c'étaient celles de l'amour; je m'écriai aussi fort tendrement: *Alla, Illa, Alla*. «Ah! me dit-elle, le Dieu miséricordieux soit loué, vous êtes turc.» Je lui dis que je le bénissais de m'en avoir donné la force, et je me crus trop heureux. Le matin l'iman vint pour me circoncire; et, comme je fis quelque difficulté, le cadi du quartier, homme loyal, me proposa de m'empaler: je sauvai mon prépuce et mon derrière avec mille sequins, et je m'enfuis vite en Perse, résolu de ne plus entendre ni messe grecque ni latine en Turquie, et de ne plus crier: *Alla, Illa, Alla* dans un rendez-vous.

En arrivant à Ispahan, on me demanda si j'étais pour le mouton noir ou pour le mouton blanc. Je répondis que cela m'était fort indifférent, pourvu qu'il fût tendre. Il faut savoir que les factions du *Mouton blanc* et du *Mouton noir* partageaient encore les Persans. On crut que je me moquais des deux partis, de sorte que je me trouvai déjà une violente affaire sur les bras aux portes de la ville: il m'en coûta encore grand nombre de sequins pour me débarrasser des moutons.

Je poussai jusqu'à la Chine avec un interprète, qui m'assura que c'était là le pays où l'on vivait librement et gaiement. Les Tartares s'en étaient rendus maîtres, après avoir tout mis à feu et à sang; et les révérends pères jésuites d'un côté, comme les révérends pères dominicains de l'autre, disaient qu'ils y gagnaient des âmes à Dieu, sans que personne en sût rien. On n'a jamais vu des convertisseurs si zélés: car ils se persécutaient les uns les autres tour à tour; ils écrivaient à Rome des volumes de calomnies; ils se traitaient d'infidèles, et de prévaricateurs pour une âme. Il y avait surtout une horrible querelle entre eux sur la manière de faire la révérence. Les jésuites voulaient que les Chinois saluassent leurs pères et leurs mères à la mode de la Chine, et les dominicains voulaient qu'on les saluât à la mode de Rome. Il m'arriva d'être pris par les jésuites pour un dominicain. On me fit passer chez Sa Majesté tartare pour un espion du pape. Le conseil suprême chargea un premier mandarin, qui ordonna à un sergent, qui commanda à quatre sbires du pays de m'arrêter et de me lier en cérémonie. Je fus conduit après cent quarante génuflexions devant Sa Majesté. Elle me fit demander si j'étais l'espion du pape, et s'il était vrai que ce prince dût venir en personne le détrôner. Je lui répondis que le pape était un prêtre de soixante et dix ans; qu'il demeurait à quatre mille lieues de Sa Sacrée Majesté tartaro-chinoise; qu'il avait environ deux mille soldats qui montaient la garde avec un parasol; qu'il ne détrônait personne, et que Sa Majesté pouvait dormir en sûreté. Ce fut l'aventure la moins funeste de ma vie. On m'envoya à Macao, d'où je m'embarquai pour l'Europe.

Mon vaisseau eut besoin d'être radoubé vers les côtes de Golconde. Je pris ce temps pour aller voir la cour du grand Aureng-Zeb, dont on disait des merveilles dans le monde: il était alors dans Delhi. J'eus la consolation de l'envisager le jour de la pompeuse cérémonie dans laquelle il reçut le présent céleste que lui envoyait le shérif de La Mecque. C'était le balai avec lequel on avait balayé la maison sainte, le Caaba, le Beth Allah. Ce balai est le symbole qui balaye toutes les ordures de l'âme. Aureng-Zeb ne paraissait pas en avoir besoin; c'était l'homme le plus pieux de tout l'Indoustan. Il est vrai qu'il avait égorgé un de ses frères et empoisonné son père. Vingt rayas et autant d'omrahs étaient morts dans les supplices; mais cela n'était rien, et on ne parlait que de sa dévotion. On ne lui comparait que la Sacrée Majesté du sérénissime Empereur de Maroc, Muley-Ismaël, qui coupait des têtes tous les vendredis après la prière.

Je ne disais mot; les voyages m'avaient formé, et je sentais qu'il ne m'appartenait pas de décider entre ces deux augustes souverains. Un jeune Français avec qui je logeais manqua, je l'avoue, de respect à l'empereur des Indes et à celui de Maroc. Il s'avisa de dire très indiscrètement qu'il y avait en Europe de très pieux souverains qui gouvernaient bien leurs États, et qui fréquentaient même les églises, sans pourtant tuer leurs pères et leurs frères, et sans couper les têtes de leurs sujets. Notre interprète transmit en indou le discours impie de mon jeune homme. Instruit par le passé, je fis vite seller mes chameaux: nous partîmes, le Français et moi. J'ai su depuis que, la nuit même, les officiers du grand Aureng-Zeb étant venus pour nous prendre, ils ne trouvèrent que l'interprète. Il fut exécuté en place publique, et tous les courtisans avouèrent sans flatterie que sa mort était très juste.

Il me restait de voir l'Afrique, pour jouir de toutes les douceurs de notre continent. Je la vis en effet. Mon vaisseau fut pris par des corsaires nègres. Notre patron fit de grandes plaintes; il leur demanda pourquoi ils violaient ainsi les lois des nations. Le capitaine nègre lui répondit: «Vous avez le nez long, et nous l'avons plat; vos cheveux sont tout droits, et notre laine est frisée; vous avez la peau de couleur de cendre, et nous de couleur d'ébène; par conséquent nous devons, par les lois sacrées de la nature, être toujours ennemis. Vous nous achetez aux foires de la côte de Guinée comme des bêtes de somme, pour nous faire travailler à je ne sais quel emploi aussi pénible que ridicule. Vous nous faites fouiller à coups de nerfs de bœuf dans des montagnes, pour en tirer une espèce de terre jaune qui par elle-même n'est bonne à rien, et qui ne vaut pas, à beaucoup près, un bon oignon d'Égypte; aussi, quand nous vous rencontrons et que nous sommes les plus forts, nous vous faisons esclaves, nous vous faisons labourer nos champs, ou nous vous coupons le nez et les oreilles.»

On n'avait rien à répliquer à un discours si sage. J'allai labourer le champ d'une vieille négresse pour conserver mes oreilles et mon nez. On me racheta au bout d'un an. J'avais vu tout ce qu'il y a de beau, de bon et d'admirable sur la terre: je résolus de ne plus voir que mes pénates. Je me mariai chez moi; je fus cocu, et je vis que c'était l'état le plus doux de la vie.

Les deux consolés

Le grand philosophe Citophile disait un jour à une femme désolée, et qui avait juste sujet de l'être : « Madame, la reine d'Angleterre fille du grand Henri IV, a été aussi malheureuse que vous : on la chassa de ses royaumes ; elle fut prête à périr sur l'Océan par les tempêtes ; elle vit mourir son royal époux sur l'échafaud. — J'en suis fâchée pour elle », dit la dame ; et elle se mit à pleurer ses propres infortunes.

« Mais, dit Citophile, souvenez-vous de Marie Stuart : elle aimait fort honnêtement un brave musicien qui avait une très belle basse-taille. Son mari tua son musicien à ses yeux ; et ensuite sa bonne amie et sa bonne parente la reine Élisabeth, qui se disait pucelle, lui fit couper le cou sur un échafaud tendu de noir, après l'avoir tenue en prison dix-huit années. — Cela est fort cruel », répondit la dame ; et elle se replongea dans sa mélancolie.

« Vous avez peut-être entendu parler, dit le consolateur, de la belle Jeanne de Naples, qui fut prise et étranglée ? — Je m'en souviens confusément, dit l'affligée.

— Il faut que je vous conte, ajouta l'autre, l'aventure d'une souveraine qui fut détrônée de mon temps après souper, et qui est morte dans une île déserte. — Je sais toute cette histoire, répondit la dame.

— Eh bien donc, je vais vous apprendre ce qui est arrivé à une autre grande princesse à qui j'ai montré la philosophie. Elle avait un amant, comme en ont toutes les grandes et belles princesses. Son père entra dans sa chambre, et surprit l'amant, qui avait le visage tout en feu et l'œil étincelant comme une escarboucle ; la dame aussi avait le teint fort animé. Le visage du jeune homme déplut tellement au père qu'il lui appliqua le plus énorme soufflet qu'on eût jamais donné dans sa province. L'amant prit une paire de pincettes et cassa la tête au beau-père, qui guérit à peine, et qui porte encore la cicatrice de cette blessure. L'amante, éperdue, sauta par la fenêtre et se démit le pied ; de manière qu'aujourd'hui elle boite visiblement, quoique d'ailleurs elle ait la taille admirable. L'amant fut condamné à la mort pour avoir cassé la tête à un très grand prince. Vous pouvez juger de l'état où était la princesse quand on menait pendre l'amant. Je l'ai vue longtemps lorsqu'elle était en prison; elle ne me parlait jamais que de ses malheurs.

— Pourquoi ne voulez-vous donc pas que je songe aux miens? lui dit la dame. — C'est, dit le philosophe, parce qu'il n'y faut pas songer, et que, tant de grandes dames ayant été si infortunées, il vous sied mal de vous désespérer. Songez à Hécube, songez à Niobé. — Ah! dit la dame, si j'avais vécu de leur temps, ou de celui de tant de belles princesses, et si pour les consoler vous leur aviez conté mes malheurs, pensez-vous qu'elles vous eussent écouté?»

Le lendemain, le philosophe perdit son fils unique, et fut sur le point d'en mourir de douleur. La dame fit dresser une liste de tous les rois qui avaient perdu leurs enfants, et la porta au philosophe; il la lut, la trouva fort exacte, et n'en pleura pas moins. Trois mois après ils se revirent et furent étonnés de se retrouver d'une humeur très gaie. Ils firent ériger une belle statue au Temps, avec cette inscription: À CELUI QUI CONSOLE.

Le monde comme il va

Vision de Babouc, écrite par lui-même

Chapitre 1

Parmi les génies qui président aux empires du monde, Ituriel tient un des premiers rangs, et il a le département de la haute Asie. Il descendit un matin dans la demeure du Scythe Babouc, sur le rivage de l'Oxus, et lui dit : «Babouc, les folies et les excès des Perses ont attiré notre colère ; il s'est tenu hier une assemblée des génies de la haute Asie, pour savoir si on châtierait Persépolis ou si on la détruirait. Va dans cette ville, examine tout ; tu reviendras m'en rendre un compte fidèle ; et je me déterminerai, sur ton rapport, à corriger la ville ou à l'exterminer. — Mais, Seigneur, dit humblement Babouc, je n'ai jamais été en Perse ; je n'y connais personne. — Tant mieux, dit l'ange, tu ne seras point partial ; tu as reçu du ciel le discernement, et j'y ajoute le don d'inspirer la confiance ; marche, regarde, écoute, observe, et ne crains rien : tu seras partout bien reçu.»

Babouc monta sur son chameau et partit avec ses serviteurs. Au bout de quelques journées, il rencontra vers les plaines de Sennaar l'armée persane qui allait combattre l'armée indienne. Il s'adressa d'abord à un soldat qu'il trouva écarté. Il lui parla, et lui demanda quel était le sujet de la guerre. «Par tous les dieux, dit le soldat, je n'en sais rien. Ce n'est pas mon affaire ; mon métier est de tuer et d'être tué pour gagner ma vie ; il n'importe qui je serve. Je pourrais bien même dès demain passer dans le camp des Indiens, car on dit qu'ils donnent près d'une demi-drachme de cuivre par jour à leurs soldats de plus que nous n'en avons dans ce maudit service de Perse. Si vous voulez savoir pourquoi on se bat, parlez à mon capitaine.»

Babouc, ayant fait un petit présent au soldat, entra dans le camp. Il fit bientôt connaissance avec le capitaine, et lui demanda le sujet de la guerre. «Comment voulez-vous que je le sache? dit le capitaine, et que m'importe ce beau sujet? J'habite à deux cents lieues de Persépolis; j'entends dire que la guerre est déclarée; j'abandonne aussitôt ma famille, et je vais chercher, selon notre coutume, la fortune ou la mort, attendu que je n'ai rien à faire. — Mais vos camarades, dit Babouc, ne sont-ils pas un peu plus instruits que vous? — Non, dit l'officier, il n'y a guère que nos principaux satrapes qui savent bien précisément pourquoi on s'égorge.»

Babouc, étonné, s'introduisit chez les généraux; il entra dans leur familiarité. L'un d'eux lui dit enfin: «La cause de cette guerre, qui désole depuis vingt ans l'Asie, vient originairement d'une querelle entre un eunuque d'une femme du grand roi de Perse et un commis d'un bureau du grand roi des Indes. Il s'agissait d'un droit qui revenait à peu près à la trentième partie d'une darique. Le premier ministre des Indes et le nôtre soutinrent dignement les droits de leurs maîtres. La querelle s'échauffa. On mit de part et d'autre en campagne une armée d'un million de soldats. Il faut recruter cette armée tous les ans de plus de quatre cent mille hommes. Les meurtres, les incendies, les ruines, les dévastations se multiplient; l'univers souffre, et l'acharnement continue. Notre premier ministre et celui des Indes protestent souvent qu'ils n'agissent que pour le bonheur du genre humain; et à chaque protestation il y a toujours quelques villes détruites et quelques provinces ravagées.»

Le lendemain, sur un bruit qui se répandit que la paix allait être conclue, le général persan et le général indien s'empressèrent de donner bataille; elle fut sanglante. Babouc en vit toutes les fautes et toutes les abominations; il fut témoin des manœuvres des principaux satrapes, qui firent ce qu'ils purent pour faire battre leur chef. Il vit des officiers tués par leurs propres troupes; il vit des soldats qui achevaient d'égorger leurs camarades expirants pour leur arracher quelques lambeaux sanglants, déchirés et couverts de fange. Il entra dans les hôpitaux où l'on transportait les blessés, dont la plupart expiraient par la négligence inhumaine de ceux mêmes que le roi de Perse payait chèrement pour les secourir. «Sont-ce là des hommes, s'écria Babouc, ou des bêtes féroces? Ah! je vois bien que Persépolis sera détruite.»

Occupé de cette pensée, il passa dans le camp des Indiens. Il y fut aussi bien reçu que dans celui des Perses, selon ce qui lui avait été prédit; mais il y vit tous les mêmes excès qui l'avaient saisi d'horreur. «Oh! oh! dit-il en lui-même, si l'ange Ituriel veut exterminer les Persans, il faut donc que l'ange des Indes détruise aussi les Indiens.» S'étant ensuite informé plus en détail de ce qui s'était passé dans l'une et l'autre armée, il apprit des actions de générosité, de grandeur d'âme, d'humanité, qui l'étonnèrent et le ravirent. «Inexplicables humains, s'écria-t-il, comment pouvez-vous réunir tant de bassesse et de grandeur, tant de vertus et de crimes?»

Cependant la paix fut déclarée. Les chefs des deux armées, dont aucun n'avait remporté la victoire, mais qui pour leur seul intérêt avaient fait verser le sang de tant d'hommes, leurs semblables, allèrent briguer dans leurs cours des récompenses. On célébra la paix dans des écrits publics qui n'annonçaient que le retour de la vertu et de la félicité sur la terre. «Dieu soit loué! dit Babouc; Persépolis sera le séjour de l'innocence épurée; elle ne sera point détruite, comme le voulaient ces vilains génies: courons sans tarder dans cette capitale de l'Asie.»

Chapitre 2

Il arriva dans cette ville immense par l'ancienne entrée, qui était toute barbare et dont la rusticité dégoûtante offensait les yeux. Toute cette partie de la ville se ressentait du temps où elle avait été bâtie; car, malgré l'opiniâtreté des hommes à louer l'antique aux dépens du moderne, il faut avouer qu'en tout genre les premiers essais sont toujours grossiers.

Babouc se mêla dans la foule d'un peuple composé de ce qu'il y avait de plus sale et de plus laid dans les deux sexes. Cette foule se précipitait d'un air hébété dans un enclos vaste et sombre. Au bourdonnement continuel, au mouvement qu'il y remarqua, à l'argent que quelques personnes donnaient à d'autres pour avoir droit de s'asseoir, il crut être dans un marché où l'on vendait des chaises de paille; mais bientôt, voyant que plusieurs femmes se mettaient à genoux, en faisant semblant de regarder fixement devant elles et en regardant les hommes de côté, il s'aperçut qu'il était dans un temple. Des voix aigres, rauques, sauvages, discordantes, faisaient retentir la voûte de sons mal articulés, qui faisaient le même effet que les voix des onagres quand elles répondent, dans les plaines des Pictaves, au cornet à bouquin qui les appelle. Il se bouchait les oreilles; mais il fut près de se boucher encore les yeux et le nez, quand il vit entrer dans ce temple des ouvriers avec des pinces et des pelles. Ils remuèrent une large pierre, et jetèrent à droite et à gauche une terre dont s'exhalait une odeur empestée; ensuite, on vint poser un mort dans cette ouverture, et on remit la pierre par-dessus.

«Quoi? s'écria Babouc, ces peuples enterrent leurs morts dans les mêmes lieux où ils adorent la Divinité! Quoi! leurs temples sont pavés de cadavres! Je ne m'étonne plus de ces maladies pestilentielles qui désolent souvent Persépolis. La pourriture des morts, et celle de tant de vivants rassemblés et pressés dans le même lieu, est capable d'empoisonner le globe terrestre. Ah! la vilaine ville que Persépolis! Apparemment que les anges veulent la détruire pour en rebâtir une plus belle, et pour la peupler d'habitants moins malpropres et qui chantent mieux. La Providence peut avoir ses raisons; laissons-la faire.»

Chapitre 3

Cependant le soleil approchait du haut de sa carrière. Babouc devait aller dîner à l'autre bout de la ville chez une dame pour laquelle son mari, officier de l'armée, lui avait donné des lettres. Il fit d'abord plusieurs tours dans Persépolis; il vit d'autres temples mieux bâtis et mieux ornés, remplis d'un peuple poli, et retentissants d'une musique harmonieuse; il remarqua des fontaines publiques, lesquelles, quoique mal placées, frappaient les yeux par leur beauté; des places où semblaient respirer en bronze les meilleurs rois qui avaient gouverné la Perse; d'autres places où il entendait le peuple s'écrier: «Quand verrons-nous ici le maître que nous chérissons?» Il admira les ponts magnifiques élevés sur le fleuve, les quais superbes et commodes, les palais bâtis à droite et à gauche, une maison immense où des milliers de vieux soldats blessés et vainqueurs rendaient chaque jour grâce au Dieu des armées. Il entra enfin chez la dame qui l'attendait à dîner avec une compagnie d'honnêtes gens. La maison était propre et ornée, le repas délicieux, la dame jeune, belle, spirituelle, engageante, la compagnie digne d'elle; et Babouc disait en lui-même à tout moment: «L'ange Ituriel se moque du monde de vouloir détruire une ville si charmante.»

Chapitre 4

Cependant il s'aperçut que la dame, qui avait commencé par lui demander tendrement des nouvelles de son mari, parlait plus tendrement encore, sur la fin du repas, à un jeune mage. Il vit un magistrat qui, en présence de sa femme, pressait avec vivacité une veuve, et cette veuve indulgente avait une main passée autour du cou du magistrat, tandis qu'elle tendait l'autre à un jeune citoyen très beau et très modeste. La femme du magistrat se leva de table la première, pour aller entretenir dans un cabinet voisin son directeur, qui arrivait trop tard, et qu'on avait attendu à dîner; et le directeur, homme éloquent, lui parla dans ce cabinet avec tant de véhémence et d'onction que la dame avait, quand elle revint, les yeux humides, les joues enflammées, la démarche mal assurée, la parole tremblante.

Alors Babouc commença à craindre que le génie Ituriel n'eût raison. Le talent qu'il avait d'attirer la confiance le mit dès le jour même dans les secrets de la dame; elle lui confia son goût pour le jeune mage, et l'assura que dans toutes les maisons de Persépolis il trouverait l'équivalent de ce qu'il avait vu dans la sienne. Babouc conclut qu'une telle société ne pouvait subsister; que la jalousie, la discorde, la vengeance, devaient désoler toutes les maisons; que les larmes et le sang devaient couler tous les jours; que certainement les maris tueraient les galants de leurs femmes, ou en seraient tués; et qu'enfin Ituriel faisait fort bien de détruire tout d'un coup une ville abandonnée à de continuels désastres.

Chapitre 5

Il était plongé dans ces idées funestes, quand il se présenta à la porte un homme grave, en manteau noir, qui demanda humblement à parler au jeune magistrat. Celui-ci, sans se lever, sans le regarder, lui donna fièrement, et d'un air distrait, quelques papiers, et le congédia. Babouc demanda quel était cet homme. La maîtresse de la maison lui dit tout bas : « C'est un des meilleurs avocats de la ville ; il y a cinquante ans qu'il étudie les lois. Monsieur, qui n'a que vingt-cinq ans, et qui est satrape de loi depuis deux jours, lui donne à faire l'extrait d'un procès qu'il doit juger, qu'il n'a pas encore examiné. — Ce jeune étourdi fait sagement, dit Babouc, de demander conseil à un vieillard ; mais pourquoi n'est-ce pas ce vieillard qui est juge ? — Vous vous moquez, lui dit-on, jamais ceux qui ont vieilli dans les emplois laborieux et subalternes ne parviennent aux dignités. Ce jeune homme a une grande charge, parce que son père est riche, et qu'ici le droit de rendre la justice s'achète comme une métairie. — Ô mœurs ! ô malheureuse ville ! s'écria Babouc, voilà le comble du désordre ; sans doute, ceux qui ont ainsi acheté le droit de juger vendent leurs jugements ; je ne vois ici que des abîmes d'iniquité. »

Comme il marquait ainsi sa douleur et sa surprise, un jeune guerrier, qui était revenu ce jour même de l'armée, lui dit : « Pourquoi ne voulez-vous pas qu'on achète les emplois de la robe ? J'ai bien acheté, moi, le droit d'affronter la mort à la tête de deux mille hommes que je commande, il m'en a coûté quarante mille dariques d'or cette année, pour coucher sur la terre trente nuits de suite en habit rouge, et pour recevoir ensuite deux bons coups de flèche dont je me sens encore. Si je me ruine pour servir l'empereur persan, que je n'ai jamais vu, Monsieur le satrape de robe peut bien payer quelque chose pour avoir le plaisir de donner audience à des plaideurs. » Babouc, indigné, ne put s'empêcher de condamner dans son cœur un pays où l'on mettait à l'encan les dignités de la paix et de la guerre ; il conclut précipitamment que l'on y devait ignorer absolument la guerre et les lois, et que, quand même Ituriel n'exterminerait pas ces peuples, ils périraient par leur détestable administration.

Sa mauvaise opinion augmenta encore à l'arrivée d'un gros homme qui, ayant salué très familièrement toute la compagnie, s'approcha du jeune officier, et lui dit : « Je ne peux vous prêter que cinquante mille dariques d'or, car, en vérité, les douanes de

l'empire ne m'en ont rapporté que trois cent mille cette année. »
Babouc s'informa quel était cet homme qui se plaignait de gagner
si peu ; il apprit qu'il y avait dans Persépolis quarante rois plé-
béiens qui tenaient à bail l'empire de Perse, et qui en rendaient
quelque chose au monarque.

Chapitre 6

Après dîner il alla dans un des plus superbes temples de la
ville ; il s'assit au milieu d'une troupe de femmes et d'hommes
qui étaient venus là pour passer le temps. Un mage parut dans
une machine élevée, qui parla longtemps du vice et de la vertu.
Ce mage divisa en plusieurs parties ce qui n'avait nul besoin
d'être divisé ; il prouva méthodiquement tout ce qui était clair, il
enseigna tout ce qu'on savait. Il se passionna froidement, et sortit
suant et hors d'haleine. Toute l'assemblée alors se réveilla et crut
avoir assisté à une instruction. Babouc dit : « Voilà un homme qui
a fait de son mieux pour ennuyer deux ou trois cents de ses conci-
toyens ; mais son intention était bonne, et il n'y a pas là de quoi
détruire Persépolis. »
Au sortir de cette assemblée on le mena voir une fête publique
qu'on donnait tous les jours de l'année ; c'était dans une espèce
de basilique, au fond de laquelle on voyait un palais. Les plus
belles citoyennes de Persépolis, les plus considérables satrapes,
rangés avec ordre, formaient un spectacle si beau que Babouc
crut d'abord que c'était là toute la fête. Deux ou trois personnes,
qui paraissaient des rois et des reines, parurent bientôt dans le
vestibule de ce palais ; leur langage était très différent de celui
du peuple ; il était mesuré, harmonieux et sublime. Personne ne
dormait, on écoutait dans un profond silence, qui n'était inter-
rompu que par les témoignages de la sensibilité et de l'admiration
publique. Le devoir des rois, l'amour de la vertu, les dangers des
passions, étaient exprimés par des traits si vifs et si touchants
que Babouc versa des larmes. Il ne douta pas que ces héros et ces
héroïnes, ces rois et ces reines qu'il venait d'entendre, ne fussent
les prédicateurs de l'empire ; il se proposa même d'engager Ituriel
à les venir entendre, bien sûr qu'un tel spectacle le réconcilierait
pour jamais avec la ville.

Dès que cette fête fut finie, il voulut voir la principale reine, qui avait débité dans ce beau palais une morale si noble et si pure; il se fit introduire chez Sa Majesté; on le mena par un petit escalier, au second étage, dans un appartement mal meublé, où il trouva une femme mal vêtue, qui lui dit d'un air noble et pathétique: «Ce métier-ci ne me donne pas de quoi vivre; un des princes que vous avez vus m'a fait un enfant; j'accoucherai bientôt; je manque d'argent, et sans argent on n'accouche point.» Babouc lui donna cent dariques d'or, en disant: «S'il n'y avait que ce mal-là dans la ville, Ituriel aurait tort de se tant fâcher.»

De là il alla passer sa soirée chez des marchands de magnificences inutiles. Un homme intelligent, avec lequel il avait fait connaissance, l'y mena; il acheta ce qui lui plut, et on le lui vendit avec politesse beaucoup plus qu'il ne valait. Son ami, de retour chez lui, lui fit voir combien on le trompait. Babouc mit sur ses tablettes le nom du marchand, pour le faire distinguer par Ituriel au jour de la punition de la ville. Comme il écrivait, on frappa à sa porte: c'était le marchand lui-même qui venait lui rapporter sa bourse, que Babouc avait laissée par mégarde sur son comptoir. «Comment se peut-il, s'écria Babouc, que vous soyez si fidèle et si généreux, après n'avoir pas eu de honte de me vendre des colifichets quatre fois au-dessus de leur valeur?

— Il n'y a aucun négociant un peu connu dans cette ville, lui répondit le marchand, qui ne fût venu vous rapporter votre bourse; mais on vous a trompé quand on vous a dit que je vous avais vendu ce que vous avez pris chez moi quatre fois plus qu'il ne vaut: je vous l'ai vendu dix fois davantage, et cela est si vrai que, si dans un mois vous voulez le revendre, vous n'en aurez pas même ce dixième. Mais rien n'est plus juste: c'est la fantaisie des hommes qui met le prix à ces choses frivoles; c'est cette fantaisie qui fait vivre cent ouvriers que j'emploie, c'est elle qui me donne une belle maison, un char commode, des chevaux, c'est elle qui excite l'industrie, qui entretient le goût, la circulation et l'abondance. Je vends aux nations voisines les mêmes bagatelles plus chèrement qu'à vous, et par là je suis utile à l'empire.» Babouc, après avoir un peu rêvé, le raya de ses tablettes.

Chapitre 7

Babouc, fort incertain sur ce qu'il devait penser de Persépolis, résolut de voir les mages et les lettrés: car les uns étudient la sagesse, et les autres la religion; et il se flatta que ceux-là obtiendraient grâce pour le reste du peuple. Dès le lendemain matin il se transporta dans un collège de mages. L'archimandrite lui avoua qu'il avait cent mille écus de rente pour avoir fait vœu de pauvreté, et qu'il exerçait un empire assez étendu en vertu de son vœu d'humilité; après quoi il laissa Babouc entre les mains d'un petit frère, qui lui fit les honneurs.

Tandis que ce frère lui montrait les magnificences de cette maison de pénitence, un bruit se répandit, qu'il était venu pour réformer toutes ces maisons. Aussitôt il reçut des mémoires de chacune d'elles; et les mémoires disaient tous en substance: *Conservez-nous, et détruisez toutes les autres.* À entendre leurs apologies, ces sociétés étaient toutes nécessaires. À entendre leurs accusations réciproques, elles méritaient toutes d'être anéanties. Il admirait comme il n'y en avait aucune d'elles qui, pour édifier l'univers, ne voulût en avoir l'empire. Alors il se présenta un petit homme qui était un demi-mage; et qui lui dit: « Je vois bien que l'œuvre va s'accomplir: car Zerdust est revenu sur la terre; les petites filles prophétisent, en se faisant donner des coups de pincettes par-devant et le fouet par-derrière. Ainsi nous vous demandons votre protection contre le Grand-Lama. — Comment! dit Babouc, contre ce pontife-roi qui réside au Tibet? — Contre lui-même. — Vous lui faites donc la guerre, et vous levez contre lui des armées? — Non, mais il dit que l'homme est libre, et nous n'en croyons rien; nous écrivons contre lui de petits livres qu'il ne lit pas; à peine a-t-il entendu parler de nous; il nous a seulement fait condamner comme un maître ordonne qu'on échenille les arbres de ses jardins. » Babouc frémit de la folie de ces hommes qui faisaient profession de sagesse, des intrigues de ceux qui avaient renoncé au monde, de l'ambition et de la convoitise orgueilleuse de ceux qui enseignaient l'humilité et le désintéressement; il conclut qu'Ituriel avait de bonnes raisons pour détruire toute cette engeance.

Chapitre 8

Retiré chez lui, il envoya chercher des livres nouveaux pour adoucir son chagrin, et il pria quelques lettrés à dîner pour se réjouir. Il en vint deux fois plus qu'il n'en avait demandé, comme les guêpes que le miel attire. Ces parasites se pressaient de manger et de parler; ils louaient deux sortes de personnes, les morts et eux-mêmes, et jamais leurs contemporains, excepté le maître de la maison. Si quelqu'un d'eux disait un bon mot, les autres baissaient les yeux et se mordaient les lèvres de douleur de ne l'avoir pas dit. Ils avaient moins de dissimulation que les mages, parce qu'ils n'avaient pas de si grands objets d'ambition. Chacun d'eux briguait une place de valet et une réputation de grand homme; ils se disaient en face des choses insultantes, qu'ils croyaient des traits d'esprit. Ils avaient eu quelque connaissance de la mission de Babouc. L'un d'eux le pria tout bas d'exterminer un auteur qui ne l'avait pas assez loué il y avait cinq ans. Un autre demanda la perte d'un citoyen qui n'avait jamais ri à ses comédies. Un troisième demanda l'extinction de l'Académie, parce qu'il n'avait jamais pu parvenir à y être admis. Le repas fini, chacun d'eux s'en alla seul; car il n'y avait pas dans toute la troupe deux hommes qui pussent se souffrir, ni même se parler ailleurs que chez les riches qui les invitaient à leur table. Babouc jugea qu'il n'y aurait pas grand mal quand cette vermine périrait dans la destruction générale.

Chapitre 9

Dès qu'il se fut défait d'eux, il se mit à lire quelques livres nouveaux. Il y reconnut l'esprit de ses convives. Il vit surtout avec indignation ces gazettes de la médisance, ces archives du mauvais goût, que l'envie, la bassesse et la faim ont dictées; ces lâches satires où l'on ménage le vautour et où l'on déchire la colombe; ces romans dénués d'imagination, où l'on voit tant de portraits de femmes que l'auteur ne connaît pas.

Il jeta au feu tous ces détestables écrits, et sortit pour aller le soir à la promenade. On le présenta à un vieux lettré qui n'était point venu grossir le nombre de ces parasites. Ce lettré fuyait toujours la foule, connaissait les hommes, en faisait usage, et se communiquait avec discrétion. Babouc lui parla avec douleur de ce qu'il avait lu et de ce qu'il avait vu.

«Vous avez lu des choses bien méprisables, lui dit le sage lettré; mais dans tous les temps, et dans tous les pays, et dans tous les genres, le mauvais fourmille et le bon est rare. Vous avez reçu chez vous le rebut de la pédanterie, parce que, dans toutes les professions, ce qu'il y a de plus indigne de paraître est toujours ce qui se présente avec le plus d'impudence. Les véritables sages vivent entre eux retirés et tranquilles; il y a encore parmi nous des hommes et des livres dignes de votre attention.» Dans le temps qu'il parlait ainsi, un autre lettré les joignit; leurs discours furent si agréables et si instructifs, si élevés au-dessus des préjugés, et si conformes à la vertu, que Babouc avoua n'avoir jamais rien entendu de pareil. «Voilà des hommes, disait-il tout bas, à qui l'ange Ituriel n'osera toucher, ou il sera bien impitoyable.»

Raccommodé avec les lettrés, il était toujours en colère contre le reste de la nation. «Vous êtes étranger, lui dit l'homme judicieux qui lui parlait; les abus se présentent à vos yeux en foule, et le bien, qui est caché et qui résulte quelquefois de ces abus mêmes, vous échappe.» Alors il apprit que parmi les lettrés il y en avait quelques-uns qui n'étaient pas envieux, et que parmi les mages mêmes il y en avait de vertueux. Il conçut à la fin que ces grands corps, qui semblaient en se choquant préparer leurs communes ruines, étaient au fond des institutions salutaires; que chaque société de mages était un frein à ses rivales; que si ces émules différaient dans quelques opinions, ils enseignaient tous la même morale, qu'ils instruisaient le peuple et qu'ils vivaient soumis aux lois, semblables aux précepteurs qui veillent sur le fils de la maison tandis que le maître veille sur eux-mêmes. Il en pratiqua plusieurs, et vit des âmes célestes. Il apprit même que parmi les fous qui prétendaient faire la guerre au Grand-Lama il y avait eu de très grands hommes. Il soupçonna enfin qu'il pourrait bien en être des mœurs de Persépolis comme des édifices, dont les uns lui avaient paru dignes de pitié, et les autres l'avaient ravi en admiration.

Chapitre 10

Il dit à son lettré : « Je connais très bien que ces mages que j'avais crus si dangereux sont en effet très utiles, surtout quand un gouvernement sage les empêche de se rendre trop nécessaires ; mais vous m'avouerez au moins que vos jeunes magistrats, qui achètent une charge de juge dès qu'ils ont appris à monter à cheval, doivent étaler dans les tribunaux tout ce que l'impertinence a de plus ridicule et tout ce que l'iniquité a de plus pervers ; il vaudrait mieux sans doute donner ces places gratuitement à ces vieux jurisconsultes qui ont passé toute leur vie à peser le pour et le contre. »

Le lettré lui répliqua : « Vous avez vu notre armée avant d'arriver à Persépolis ; vous savez que nos jeunes officiers se battent très bien, quoiqu'ils aient acheté leurs charges ; peut-être verrez-vous que nos jeunes magistrats ne jugent pas mal, quoiqu'ils aient payé pour juger. »

Il le mena le lendemain au grand tribunal, où l'on devait rendre un arrêt important. La cause était connue de tout le monde. Tous ces vieux avocats qui en parlaient étaient flottants dans leurs opinions : ils alléguaient cent lois, dont aucune n'était applicable au fond de la question ; ils regardaient l'affaire par cent côtés, dont aucun n'était dans son vrai jour ; les juges décidèrent plus vite que les avocats ne doutèrent. Leur jugement fut presque unanime ; ils jugèrent bien, parce qu'ils suivaient les lumières de la raison, et les autres avaient opiné mal, parce qu'ils n'avaient consulté que leurs livres.

Babouc conclut qu'il y avait souvent de très bonnes choses dans les abus. Il vit dès le jour même que les richesses des financiers, qui l'avaient tant révolté, pouvaient produire un effet excellent ; car, l'empereur ayant eu besoin d'argent, il trouva en une heure, par leur moyen, ce qu'il n'aurait pas eu en six mois par les voies ordinaires ; il vit que ces gros nuages, enflés de la rosée de la terre, lui rendaient en pluie ce qu'ils en recevaient. D'ailleurs les enfants de ces hommes nouveaux, souvent mieux élevés que ceux des familles plus anciennes, valaient quelquefois beaucoup mieux ; car rien n'empêche qu'on ne soit un bon juge, un brave guerrier, un homme d'État habile, quand on a eu un père bon calculateur.

Chapitre 11

Insensiblement Babouc faisait grâce à l'avidité du financier, qui n'est pas au fond plus avide que les autres hommes, et qui est nécessaire. Il excusait la folie de se ruiner pour juger et pour se battre, folie qui produit de grands magistrats et des héros. Il pardonnait à l'envie des lettrés, parmi lesquels il se trouvait des hommes qui éclairaient le monde ; il se réconciliait avec les mages ambitieux et intrigants, chez lesquels il y avait plus de grandes vertus encore que de petits vices ; mais il lui restait bien des griefs, et surtout les galanteries des dames, et les désolations qui en devaient être la suite, le remplissaient d'inquiétude et d'effroi.

Comme il voulait pénétrer dans toutes les conditions humaines, il se fit mener chez un ministre ; mais il tremblait toujours en chemin que quelque femme ne fût assassinée en sa présence par son mari. Arrivé chez l'homme d'État, il resta deux heures dans l'antichambre sans être annoncé, et deux heures encore après l'avoir été. Il se promettait bien, dans cet intervalle, de recommander à l'ange Ituriel et le ministre et ses insolents huissiers. L'antichambre était remplie de dames de tout étage, de mages de toutes couleurs, de juges, de marchands, d'officiers, de pédants ; tous se plaignaient du ministre. L'avare et l'usurier disaient : « Sans doute cet homme-là pille les provinces » ; le capricieux lui reprochait d'être bizarre ; le voluptueux disait : « Il ne songe qu'à ses plaisirs » ; l'intrigant se flattait de le voir bientôt perdu par une cabale ; les femmes espéraient qu'on leur donnerait bientôt un ministre plus jeune.

Babouc entendait leurs discours ; il ne put s'empêcher de dire : « Voilà un homme bien heureux ; il a tous ses ennemis dans son antichambre, il écrase de son pouvoir ceux qui l'envient ; il voit à ses pieds ceux qui le détestent. » Il entra enfin : il vit un petit vieillard courbé sous le poids des années et des affaires, mais encore vif et plein d'esprit.

Babouc lui plut, et il parut à Babouc un homme estimable. La conversation devint intéressante. Le ministre lui avoua qu'il était un homme très malheureux ; qu'il passait pour riche, et qu'il était pauvre ; qu'on le croyait tout-puissant, et qu'il était toujours contredit ; qu'il n'avait guère obligé que des ingrats, et que, dans un travail continuel de quarante années, il avait eu à peine un moment de consolation. Babouc en fut touché, et pensa que si cet homme avait fait des fautes, et si l'ange Ituriel voulait le punir, il ne fallait pas l'exterminer, mais seulement lui laisser sa place.

Chapitre 12

Tandis qu'il parlait au ministre entre brusquement la belle dame chez qui Babouc avait dîné. On voyait dans ses yeux et sur son front les symptômes de la douleur et de la colère. Elle éclata en reproches contre l'homme d'État; elle versa des larmes; elle se plaignit avec amertume de ce qu'on avait refusé à son mari une place où sa naissance lui permettait d'aspirer, et que ses services et ses blessures méritaient; elle s'exprima avec tant de force, elle mit tant de grâces dans ses plaintes, elle détruisit les objections avec tant d'adresse, elle fit valoir les raisons avec tant d'éloquence, qu'elle ne sortit point de la chambre sans avoir fait la fortune de son mari.

Babouc lui donna la main. « Est-il possible, madame, lui dit-il, que vous vous soyez donné toute cette peine pour un homme que vous n'aimez point, et dont vous avez tout à craindre ? — Un homme que je n'aime point ? s'écria-t-elle. Sachez que mon mari est le meilleur ami que j'aie au monde, qu'il n'y a rien que je ne lui sacrifie, hors mon amant, et qu'il ferait tout pour moi, hors de quitter sa maîtresse. Je veux vous la faire connaître ; c'est une femme charmante, pleine d'esprit et du meilleur caractère du monde ; nous soupons ensemble ce soir avec mon mari et mon petit mage : venez partager notre joie. »

La dame mena Babouc chez elle. Le mari, qui était enfin arrivé plongé dans la douleur, revit sa femme avec des transports d'allégresse et de reconnaissance ; il embrassait tour à tour sa femme, sa maîtresse, le petit mage et Babouc. L'union, la gaieté, l'esprit et les grâces furent l'âme de ce repas. « Apprenez, lui dit la belle dame chez laquelle il soupait, que celles qu'on appelle quelquefois de malhonnêtes femmes ont presque toujours le mérite d'un très honnête homme ; et, pour vous en convaincre, venez demain dîner avec moi chez la belle Téone. Il y a quelques vieilles vestales qui la déchirent ; mais elle fait plus de bien qu'elles toutes ensemble. Elle ne commettrait pas une légère injustice pour le plus grand intérêt; elle ne donne à son amant que des conseils généreux; elle n'est occupée que de sa gloire; il rougirait devant elle s'il avait laissé échapper une occasion de faire du bien; car rien n'encourage plus aux actions vertueuses que d'avoir pour témoin et pour juge de sa conduite une maîtresse dont on veut mériter l'estime.»

Babouc ne manqua pas au rendez-vous. Il vit une maison où régnaient tous les plaisirs; Téone régnait sur eux; elle savait parler à chacun son langage. Son esprit naturel mettait à son aise celui des autres; elle plaisait sans presque le vouloir; elle était aussi aimable que bienfaisante; et, ce qui augmentait le prix de toutes ses bonnes qualités, elle était belle.

Babouc, tout Scythe et tout envoyé qu'il était d'un génie, s'aperçut que, s'il restait encore à Persépolis, il oublierait Ituriel pour Téone. Il s'affectionnait à la ville, dont le peuple était poli, doux et bienfaisant, quoique léger, médisant et plein de vanité. Il craignait que Persépolis ne fût condamnée; il craignait même le compte qu'il allait rendre.

Voici comme il s'y prit pour rendre ce compte. Il fit faire par le meilleur fondeur de la ville une petite statue composée de tous les métaux, des terres et des pierres les plus précieuses et les plus viles; il la porta à Ituriel: «Casserez-vous, dit-il, cette jolie statue, parce que tout n'y est pas or et diamants?» Ituriel entendit à demi-mot; il résolut de ne pas même songer à corriger Persépolis, et de laisser aller *le monde comme il va*. Car, dit-il, *si tout n'est pas bien, tout est passable*. On laissa donc subsister Persépolis; et Babouc fut bien loin de se plaindre, comme Jonas qui se fâcha de ce qu'on ne détruisait pas Ninive. Mais, quand on a été trois jours dans le corps d'une baleine, on n'est pas de si bonne humeur que quand on a été à l'opéra, à la comédie, et qu'on a soupé en bonne compagnie.

Le crocheteur borgne

Nos deux yeux ne rendent pas notre condition meilleure ; l'un nous sert à voir les biens, et l'autre les maux de la vie. Bien des gens ont la mauvaise habitude de fermer le premier, et bien peu ferment le second ; voilà pourquoi il y a tant de gens qui aimeraient mieux être aveugles que de voir tout ce qu'ils voient. Heureux les borgnes qui ne sont privés que de ce mauvais œil qui gâte tout ce qu'on regarde ! Mesrour en est un exemple.

Il aurait fallu être aveugle pour ne pas voir que Mesrour était borgne. Il l'était de naissance ; mais c'était un borgne si content de son état qu'il ne s'était jamais avisé de désirer un autre œil. Ce n'étaient point les dons de la fortune qui le consolaient des torts de la nature, car il était simple crocheteur et n'avait d'autre trésor que ses épaules ; mais il était heureux, et il montrait qu'un œil de plus et de la peine de moins contribuent bien peu au bonheur. L'argent et l'appétit lui venaient toujours en proportion de l'exercice qu'il faisait ; il travaillait le matin, mangeait et buvait le soir, dormait la nuit, et regardait tous ses jours comme autant de vies séparées, en sorte que le soin de l'avenir ne le troublait jamais dans la jouissance du présent. Il était (comme vous le voyez) tout à la fois borgne, crocheteur et philosophe.

Il vit par hasard passer dans un char brillant une grande princesse qui avait un œil de plus que lui, ce qui ne l'empêcha pas de la trouver fort belle, et, comme les borgnes ne diffèrent des autres hommes qu'en ce qu'ils ont un œil de moins, il en devint éperdument amoureux. On dira peut-être que, quand on est crocheteur et borgne, il ne faut point être amoureux, surtout d'une grande princesse, et, qui plus est, d'une princesse qui a deux yeux : je conviens qu'on a bien à craindre de ne pas plaire ; cependant, comme il n'y a point d'amour sans espérance, et que notre crocheteur aimait, il espéra.

Comme il avait plus de jambes que d'yeux, et qu'elles étaient bonnes, il suivit l'espace de quatre lieues le char de sa déesse, que six grands chevaux blancs traînaient avec une grande rapidité.

La mode dans ce temps-là, parmi les dames, était de voyager sans laquais et sans cocher et de se mener elles-mêmes : les maris voulaient qu'elles fussent toujours toutes seules, afin d'être plus sûrs de leur vertu ; ce qui est directement opposé au sentiment des moralistes, qui disent qu'il n'y a point de vertu dans la solitude.

Mesrour courait toujours à côté des roues du char, tournant son bon œil du côté de la dame, qui était étonnée de voir un borgne de cette agilité. Pendant qu'il prouvait ainsi qu'on est infatigable pour ce qu'on aime, une bête fauve, poursuivie par des chasseurs, traversa le grand chemin et effraya les chevaux, qui, ayant pris le mors aux dents, entraînaient la belle dans un précipice. Son nouvel amant, plus effrayé encore qu'elle, quoiqu'elle le fût beaucoup, coupa les traits avec une adresse merveilleuse ; les six chevaux blancs firent seuls le saut périlleux, et la dame, qui n'était pas moins blanche qu'eux, en fut quitte pour la peur. « Qui que vous soyez, lui dit-elle, je n'oublierai jamais que je vous dois la vie ; demandez-moi tout ce que vous voudrez : tout ce que j'ai est à vous. — Ah ! je puis avec bien plus de raison, répondit Mesrour, vous en offrir autant ; mais, en vous l'offrant, je vous en offrirai toujours moins : car je n'ai qu'un œil, et vous en avez deux ; mais un œil qui vous regarde vaut mieux que deux yeux qui ne voient point les vôtres. » La dame sourit : car les galanteries d'un borgne sont toujours des galanteries ; et les galanteries font toujours sourire. « Je voudrais bien pouvoir vous donner un autre œil, lui dit-elle, mais votre mère pouvait seule vous faire ce présent-là ; suivez-moi toujours. » À ces mots elle descend de son char et continue sa route à pied ; son petit chien descendit aussi et marchait à pied à côté d'elle, aboyant après l'étrangère figure de son écuyer. J'ai tort de lui donner le titre d'écuyer, car il eut beau offrir son bras, la dame ne voulut jamais l'accepter, sous prétexte qu'il était trop sale ; et vous allez voir qu'elle fut la dupe de sa propreté. Elle avait de fort petits pieds, et des souliers encore plus petits que ses pieds, en sorte qu'elle n'était ni faite ni chaussée de manière à soutenir une longue marche.

De jolis pieds consolent d'avoir de mauvaises jambes, lorsqu'on passe sa vie sur sa chaise longue au milieu d'une foule de petits-maîtres ; mais à quoi servent des souliers brodés en paillettes dans un chemin pierreux, où ils ne peuvent être vus que par un crocheteur, et encore par un crocheteur qui n'a qu'un œil?

Mélinade (c'est le nom de la dame, que j'ai eu mes raisons pour ne pas dire jusqu'ici, parce qu'il n'était pas encore fait) avançait comme elle pouvait, maudissant son cordonnier, déchirant ses souliers, écorchant ses pieds, et se donnant des entorses à chaque pas. Il y avait environ une heure et demie qu'elle marchait du train des grandes dames, c'est-à-dire qu'elle avait déjà fait près d'un quart de lieue, lorsqu'elle tomba de fatigue sur la place.

Le Mesrour, dont elle avait refusé les secours pendant qu'elle était debout, balançait à les lui offrir, dans la crainte de la salir en la touchant; car il savait bien qu'il n'était pas propre, la dame le lui avait assez clairement fait entendre, et la comparaison qu'il avait faite en chemin entre lui et sa maîtresse le lui avait fait voir encore plus clairement. Elle avait une robe d'une légère étoffe d'argent, semée de guirlandes de fleurs, qui laissait briller la beauté de sa taille; et lui avait un sarrau brun taché en mille endroits, troué et rapiécé en sorte que les pièces étaient à côté des trous, et point dessus, où elles auraient pourtant été plus à leur place. Il avait comparé ses mains nerveuses et couvertes de durillons avec deux petites mains plus blanches et plus délicates que les lis. Enfin il avait vu les beaux cheveux blonds de Mélinade, qui paraissaient à travers un léger voile de gaze, relevés les uns en tresse et les autres en boucles; et il n'avait à mettre à côté de cela que des crins noirs hérissés, crépus, et n'ayant pour tout ornement qu'un turban déchiré.

Cependant Mélinade essaie de se relever, mais elle retombe bientôt, et si malheureusement que ce qu'elle laissa voir à Mesrour lui ôta le peu de raison que la vue du visage de la princesse avait pu lui laisser. Il oublia qu'il était crocheteur, qu'il était borgne, et il ne songea plus à la distance que la fortune avait mise entre Mélinade et lui; à peine se souvint-il qu'il était amant, car il manqua à la délicatesse qu'on dit inséparable d'un véritable amour, et qui en fait quelquefois le charme et plus souvent l'ennui; il se servit des droits que son état de crocheteur lui donnait à la brutalité, il fut brutal et heureux. La princesse alors était sans doute évanouie, ou bien elle gémissait sur son sort; mais, comme elle était juste, elle bénissait sûrement le destin de ce que toute infortune porte avec elle sa consolation.

La nuit avait étendu ses voiles sur l'horizon, et elle cachait de son ombre le véritable bonheur de Mesrour et les prétendus malheurs de Mélinade ; Mesrour goûtait les plaisirs des parfaits amants, et il les goûtait en crocheteur, c'est-à-dire (à la honte de l'humanité) de la manière la plus parfaite ; les faiblesses de Mélinade lui reprenaient à chaque instant, et à chaque instant son amant reprenait des forces. «Puissant Mahomet, dit-il une fois en homme transporté, mais en mauvais catholique, il ne manque à ma félicité que d'être sentie par celle qui la cause ; pendant que je suis dans ton paradis, divin prophète, accorde-moi encore une faveur, c'est d'être aux yeux de Mélinade ce qu'elle serait à mon œil s'il faisait jour.» Il finit de prier, et continua de jouir. L'aurore, toujours trop diligente pour les amants, surprit Mesrour et Mélinade dans l'attitude où elle aurait pu être surprise elle-même, un moment auparavant, avec Tithon. Mais quel fut l'étonnement de Mélinade quand, ouvrant les yeux aux premiers rayons du jour, elle se vit dans un lieu enchanté avec un jeune homme d'une taille noble, dont le visage ressemblait à l'astre dont la terre attendait le retour ! Il avait des joues de rose, des lèvres de corail ; ses grands yeux, tendres et vifs tout à la fois, exprimaient et inspiraient la volupté ; son carquois d'or, orné de pierreries, était suspendu à ses épaules, et le plaisir faisait seul sonner ses flèches ; sa longue chevelure, retenue par une attache de diamants, flottait librement sur ses reins, et une étoffe transparente, brodée de perles, lui servait d'habillement et ne cachait rien de la beauté de son corps. «Où suis-je, et qui êtes-vous ? s'écria Mélinade dans l'excès de sa surprise. — Vous êtes, répondit-il, avec le misérable qui a eu le bonheur de vous sauver la vie, et qui s'est si bien payé de ses peines.» Mélinade, aussi aise qu'étonnée, regretta que la métamorphose de Mesrour n'eût pas commencé plus tôt. Elle s'approche d'un palais brillant qui frappait sa vue, et lit cette inscription sur la porte : «Éloignez-vous, profanes ; ces portes ne s'ouvriront que pour le maître de l'anneau.» Mesrour s'approche à son tour pour lire la même inscription, mais il vit d'autres caractères et lut ces mots : «Frappe sans crainte.» Il frappa, et aussitôt les portes s'ouvrirent d'elles-mêmes avec un grand bruit. Les deux amants entrèrent, au son de mille voix et de mille instruments, dans un vestibule de marbre de Paros ; de là ils passèrent dans une salle superbe, où un festin délicieux les attendait depuis douze cent cinquante ans sans qu'aucun des plats fût encore refroidi : ils se mirent à table, et furent servis chacun par mille esclaves de la plus grande beauté ; le repas fut entremêlé de concerts et de danses ; et quand il fut fini, tous les génies vinrent dans le plus grand ordre, partagés en différentes troupes, avec des habits aussi magnifiques que singuliers, prêter serment de fidélité au maître de l'anneau, et baiser le doigt sacré auquel il le portait.

Cependant il y avait à Bagdad un musulman fort dévot qui, ne pouvant aller se laver dans la mosquée, faisait venir l'eau de la mosquée chez lui, moyennant une légère rétribution qu'il payait au prêtre. Il venait de faire la cinquième ablution, pour se disposer à la cinquième prière, et sa servante, jeune étourdie très peu dévote, se débarrassa de l'eau sacrée en la jetant par la fenêtre. Elle tomba sur un malheureux endormi profondément au coin d'une borne qui lui servait de chevet. Il fut inondé et s'éveilla. C'était le pauvre Mesrour, qui, revenant de son séjour enchanté, avait perdu dans son voyage l'anneau de Salomon. Il avait quitté ses superbes vêtements, et repris son sarrau ; son beau carquois d'or était changé en crochet de bois, et il avait, pour comble de malheur, laissé un de ses yeux en chemin. Il se ressouvint alors qu'il avait bu la veille une grande quantité d'eau-de-vie qui avait assoupi ses sens et échauffé son imagination. Il avait jusque-là aimé cette liqueur par goût, il commença à l'aimer par reconnaissance, et retourna avec gaieté à son travail, bien résolu d'en employer le salaire à acheter les moyens de retrouver sa chère Mélinade. Un autre se serait désolé d'être un vilain borgne après avoir eu deux beaux yeux, d'éprouver les refus des balayeuses du palais après avoir joui des faveurs d'une princesse plus belle que les maîtresses du calife, et d'être au service de tous les bourgeois de Bagdad après avoir régné sur tous les génies ; mais Mesrour n'avait point l'œil qui voit le mauvais côté des choses.

Histoire d'un bon bramin

Je rencontrai dans mes voyages un vieux bramin, homme fort sage, plein d'esprit et très savant; de plus il était riche, et partant il en était plus sage encore: car ne manquant de rien, il n'avait besoin de tromper personne. Sa famille était très bien gouvernée par trois belles femmes qui s'étudiaient à lui plaire; et quand il ne s'amusait pas avec ses femmes, il s'occupait à philosopher.

Près de sa maison, qui était belle, ornée et accompagnée de jardins charmants, demeurait une vieille Indienne bigote, imbécile et assez pauvre.

Le bramin me dit un jour: «Je voudrais n'être jamais né.» Je lui demandai pourquoi. Il me répondit: «J'étudie depuis quarante ans, ce sont quarante années de perdues: j'enseigne les autres, et j'ignore tout; cet état porte dans mon âme tant d'humiliation et de dégoût que la vie m'est insupportable. Je suis né, je vis dans le temps, et je ne sais pas ce que c'est que le temps; je me trouve dans un point entre deux éternités, comme disent nos sages, et je n'ai nulle idée de l'éternité. Je suis composé de matière; je pense, je n'ai jamais pu m'instruire de ce qui produit la pensée; j'ignore si mon entendement est en moi une simple faculté, comme celle de marcher, de digérer, et si je pense avec ma tête comme je prends avec mes mains. Non seulement le principe de ma pensée m'est inconnu, mais le principe de mes mouvements m'est également caché: je ne sais pourquoi j'existe. Cependant on me fait chaque jour des questions sur tous ces points; il faut répondre; je n'ai rien de bon à dire; je parle beaucoup, et je demeure confus et honteux de moi-même après avoir parlé.

«C'est bien pis quand on me demande si Brahma a été produit par Vitsnou, ou s'ils sont tous deux éternels. Dieu m'est témoin que je n'en sais pas un mot, et il y paraît bien à mes réponses. "Ah! mon révérend père, me dit-on, apprenez-nous comment le mal inonde toute la terre." Je suis aussi en peine que ceux qui me font cette question. Je leur dis quelquefois que tout est le mieux du monde; mais ceux qui ont la gravelle, ceux qui ont été ruinés et mutilés à la guerre n'en croient rien, ni moi non plus : je me retire chez moi accablé de ma curiosité et de mon ignorance. Je lis nos anciens livres, et ils redoublent mes ténèbres. Je parle à mes compagnons : les uns me répondent qu'il faut jouir de la vie et se moquer des hommes ; les autres croient savoir quelque chose, et se perdent dans des idées extravagantes ; tout augmente le sentiment douloureux que j'éprouve. Je suis prêt quelquefois de tomber dans le désespoir, quand je songe qu'après toutes mes recherches, je ne sais ni d'où je viens, ni ce que je suis, ni où j'irai, ni ce que je deviendrai. »

L'état de ce bon homme me fit une vraie peine : personne n'était ni plus raisonnable ni de meilleure foi que lui. Je conçus que plus il avait de lumières dans son entendement et de sensibilité dans son cœur, plus il était malheureux.

Je vis le même jour la vieille femme qui demeurait dans son voisinage : je lui demandai si elle avait jamais été affligée de ne savoir pas comment son âme était faite. Elle ne comprit seulement pas ma question : elle n'avait jamais réfléchi un seul moment de sa vie sur un seul des points qui tourmentaient le bramin ; elle croyait aux métamorphoses de Vitsnou de tout son cœur, et pourvu qu'elle pût avoir quelquefois de l'eau du Gange pour se laver, elle se croyait la plus heureuse des femmes.

Frappé du bonheur de cette pauvre créature, je revins à mon philosophe, et je lui dis : « N'êtes-vous pas honteux d'être malheureux dans le temps qu'à votre porte il y a un vieil automate qui ne pense à rien, et qui vit content ? — Vous avez raison, me répondit-il ; je me suis dit cent fois que je serais heureux si j'étais aussi sot que ma voisine, et cependant je ne voudrais pas d'un tel bonheur. »

Cette réponse de mon bramin me fit une plus grande impression que tout le reste ; je m'examinai moi-même et je vis qu'en effet je n'aurais pas voulu être heureux à condition d'être imbécile.

Je proposai la chose à des philosophes, et ils furent de mon avis. « Il y a pourtant, disais-je, une furieuse contradiction dans cette façon de penser. » Car enfin de quoi s'agit-il ? d'être heureux. Qu'importe d'avoir de l'esprit ou d'être sot ? Il y a bien plus : ceux qui sont contents de leur être sont bien sûrs d'être contents ; ceux qui raisonnent ne sont pas si sûrs de bien raisonner. « Il est donc clair, disais-je, qu'il faudrait choisir de n'avoir pas le sens commun, pour peu que ce sens commun contribue à notre mal-être.» Tout le monde fut de mon avis, et cependant je ne trouvai personne qui voulût accepter le marché de devenir imbécile pour devenir content. De là je conclus que, si nous faisons cas du bonheur, nous faisons encore plus de cas de la raison.

Mais après y avoir réfléchi, il paraît que de préférer la raison à la félicité, c'est être très insensé. Comment donc cette contradiction peut-elle s'expliquer? Comme toutes les autres. Il y a là de quoi parler beaucoup.

Le blanc et le noir

Tout le monde, dans la province de Candahar, connaît l'aventure du jeune Rustan. Il était fils unique d'un mirza du pays: c'est comme qui dirait marquis parmi nous, ou baron chez les Allemands. Le mirza son père avait un bien honnête. On devait marier le jeune Rustan à une demoiselle, ou mirzasse de sa sorte. Les deux familles le désiraient passionnément. Il devait faire la consolation de ses parents, rendre sa femme heureuse et l'être avec elle.

Mais par malheur il avait vu la princesse de Cachemire à la foire de Kaboul, qui est la foire la plus considérable du monde, et incomparablement plus fréquentée que celles de Bassora et d'Astrakan; et voici pourquoi le vieux prince de Cachemire était venu à la foire avec sa fille.

Il avait perdu les deux plus rares pièces de son trésor: l'une était un diamant gros comme le pouce, sur lequel sa fille était gravée par un art que les Indiens possédaient alors, et qui s'est perdu depuis; l'autre était un javelot qui allait de lui-même où l'on voulait; ce qui n'est pas une chose bien extraordinaire parmi nous, mais qui l'était à Cachemire.

Un fakir de Son Altesse lui vola ces deux bijoux; il les porta à la princesse. «Gardez soigneusement ces deux pièces, lui dit-il; votre destinée en dépend.» Il partit alors, et on ne le revit plus. Le duc de Cachemire, au désespoir, résolut d'aller voir à la foire de Kaboul si, de tous les marchands qui s'y rendent des quatre coins du monde, il n'y en aurait pas un qui eût son diamant et son arme. Il menait sa fille avec lui dans tous ses voyages. Elle porta son diamant bien enfermé dans sa ceinture; mais pour le javelot, qu'elle ne pouvait si bien cacher, elle l'avait enfermé soigneusement à Cachemire dans son grand coffre de la Chine.

Rustan et elle se virent à Kaboul; ils s'aimèrent avec toute la bonne foi de leur âge et toute la tendresse de leur pays. La princesse, pour gage de son amour, lui donna son diamant, et Rustan lui promit à son départ de l'aller voir secrètement à Cachemire.

Le jeune mirza avait deux favoris qui lui servaient de secrétaires, d'écuyers, de maîtres d'hôtel et de valets de chambre. L'un s'appelait Topaze; il était beau, bien fait, blanc comme une Circassienne, doux et serviable comme un Arménien, sage comme un Guèbre. L'autre se nommait Ébène; c'était un nègre fort joli, plus empressé, plus industrieux que Topaze, et qui ne trouvait rien de difficile. Il leur communiqua le projet de son voyage. Topaze tâcha de l'en détourner avec le zèle circonspect d'un serviteur qui ne voulait pas lui déplaire; il lui représenta tout ce qu'il hasardait. Comment laisser deux familles au désespoir; comment mettre le couteau dans le cœur de ses parents? Il ébranla Rustan; mais Ébène le raffermit et leva tous ses scrupules.

Le jeune homme manquait d'argent pour un si long voyage. Le sage Topaze ne lui en aurait pas fait prêter; Ébène y pourvut. Il prit adroitement le diamant de son maître, en fit faire un faux tout semblable, qu'il remit à sa place, et donna le véritable en gage à un Arménien pour quelques milliers de roupies.

Quand le marquis eut ses roupies, tout fut prêt pour le départ. On chargea un éléphant de son bagage, on monta à cheval. Topaze dit à son maître: «J'ai pris la liberté de vous faire des remontrances sur votre entreprise; mais, après avoir remontré, il faut obéir; je suis à vous, je vous aime, je vous suivrai jusqu'au bout du monde; mais consultons en chemin l'oracle qui est à deux parasanges d'ici.» Rustan y consentit. L'oracle répondit: *Si tu vas à l'orient, tu seras à l'occident.* Rustan ne comprit rien à cette réponse. Topaze soutint qu'elle ne contenait rien de bon. Ébène, toujours complaisant, lui persuada qu'elle était très favorable.

Il y avait encore un autre oracle dans Kaboul; ils y allèrent. L'oracle de Kaboul répondit en ces mots: *Si tu possèdes, tu ne posséderas pas; si tu es vainqueur, tu ne vaincras pas; si tu es Rustan, tu ne le seras pas.* Cet oracle parut encore plus inintelligible que l'autre. «Prenez garde à vous», disait Topaze. «Ne redoutez rien», disait Ébène, et ce ministre, comme on peut le croire, avait toujours raison auprès de son maître, dont il encourageait la passion et l'espérance.

Au sortir de Kaboul, on marcha par une grande forêt, on s'assit sur l'herbe pour manger, on laissa les chevaux paître. On se préparait à décharger l'éléphant qui portait le dîner et le service, lorsqu'on s'aperçut que Topaze et Ébène n'étaient plus avec la petite caravane. On les appelle; la forêt retentit des noms d'Ébène et de Topaze. Les valets les cherchent de tous côtés et remplissent la forêt de leurs cris; ils reviennent sans avoir rien vu, sans qu'on leur ait répondu. «Nous n'avons trouvé, dirent-ils à Rustan, qu'un vautour qui se battait avec un aigle, et qui lui ôtait toutes ses plumes.» Le récit de ce combat piqua la curiosité de Rustan; il alla à pied sur le lieu; il n'aperçut ni vautour ni aigle, mais il vit son éléphant, encore tout chargé de son bagage, qui était assailli par un gros rhinocéros. L'un frappait de sa corne, l'autre de sa trompe. Le rhinocéros lâcha prise à la vue de Rustan; on ramena son éléphant, mais on ne trouva plus les chevaux. «Il arrive d'étranges choses dans les forêts quand on voyage!» s'écriait Rustan. Les valets étaient consternés, et le maître au désespoir d'avoir perdu à la fois ses chevaux, son cher nègre et le sage Topaze, pour lequel il avait toujours de l'amitié, quoiqu'il ne fût jamais de son avis.

L'espérance d'être bientôt aux pieds de la belle princesse de Cachemire le consolait, quand il rencontra un grand âne rayé, à qui un rustre vigoureux et terrible donnait cent coups de bâton. Rien n'est si beau, ni si rare, ni si léger à la course que les ânes de cette espèce. Celui-ci répondait aux coups redoublés du vilain par des ruades qui auraient pu déraciner un chêne. Le jeune mirza prit, comme de raison, le parti de l'âne, qui était une créature charmante. Le rustre s'enfuit en disant à l'âne: «Tu me le payeras.» L'âne remercia son libérateur en son langage, s'approcha, se laissa caresser, et caressa. Rustan monte dessus après avoir dîné, et prend le chemin de Cachemire avec ses domestiques, qui suivent les uns à pied, les autres montés sur l'éléphant.

À peine était-il sur son âne que cet animal tourne vers Kaboul, au lieu de suivre la route de Cachemire. Son maître a beau tourner la bride, donner des saccades, serrer les genoux, appuyer des éperons, rendre la bride, tirer à lui, fouetter à droite et à gauche, l'animal opiniâtre courait toujours vers Kaboul.

Rustan suait, se démenait, se désespérait, quand il rencontra un marchand de chameaux qui lui dit: «Maître, vous avez là un âne bien malin, qui vous mène où vous ne voulez pas aller; si vous voulez me le céder, je vous donnerai quatre de mes chameaux à choisir. » Rustan remercia la Providence de lui avoir procuré un si bon marché. « Topaze avait grand tort, dit-il, de me dire que mon voyage serait malheureux. » Il monte sur le plus beau chameau, les trois autres suivent ; il rejoint sa caravane, et se voit dans le chemin de son bonheur.

À peine a-t-il marché quatre parasanges qu'il est arrêté par un torrent profond, large et impétueux, qui roulait des rochers blanchis d'écume. Les deux rivages étaient des précipices affreux, qui éblouissaient la vue et glaçaient le courage ; nul moyen de passer, nul d'aller à droite ou à gauche. « Je commence à craindre, dit Rustan, que Topaze n'ait eu raison de blâmer mon voyage, et moi grand tort de l'entreprendre, encore s'il était ici, il me pourrait donner quelques bons avis. Si j'avais Ébène, il me consolerait, et il trouverait des expédients ; mais tout me manque. » Son embarras était augmenté par la consternation de sa troupe : la nuit était noire, on la passa à se lamenter. Enfin la fatigue et l'abattement endormirent l'amoureux voyageur. Il se réveille au point du jour, et voit un beau pont de marbre élevé sur le torrent d'une rive à l'autre.

Ce furent des exclamations, des cris d'étonnement et de joie. Est-il possible ? est-ce un songe ? quel prodige ! quel enchantement ! oserons-nous passer ? Toute la troupe se mettait à genoux, se relevait, allait au pont, baisait la terre, regardait le ciel, étendait les mains, posait le pied en tremblant, allait, revenait, était en extase ; et Rustan disait : « Pour le coup le ciel me favorise. Topaze ne savait ce qu'il disait ; les oracles étaient en ma faveur ; Ébène avait raison ; mais pourquoi n'est-il pas ici ? »

À peine la troupe fut-elle au-delà du torrent que voilà le pont qui s'abîme dans l'eau avec un fracas épouvantable. « Tant mieux ! tant mieux ! s'écria Rustan ; Dieu soit loué, le ciel soit béni ! il ne veut pas que je retourne dans mon pays, où je n'aurais été qu'un simple gentilhomme ; il veut que j'épouse ce que j'aime. Je serai prince de Cachemire ; c'est ainsi qu'en *possédant* ma maîtresse, je ne *posséderai* pas mon petit marquisat à Candahar. *Je serai Rustan, et je ne le serai pas*, puisque je deviendrai un grand prince : voilà une grande partie de l'oracle expliquée nettement en ma faveur, le reste s'expliquera de même ; je suis trop heureux ; mais pourquoi Ébène n'est-il pas auprès de moi ? je le regrette mille fois plus que Topaze. »

Il avança encore quelques parasanges avec la plus grande allégresse ; mais, sur la fin du jour, une enceinte de montagnes plus roides qu'une contrescarpe et plus hautes que n'aurait été la tour de Babel si elle avait été achevée, barra entièrement la caravane saisie de crainte.

Tout le monde s'écria : « Dieu veut que nous périssions ici, il n'a brisé le pont que pour nous ôter tout espoir de retour ; il n'a élevé la montagne que pour nous priver de tout moyen d'avancer. Ô Rustan ! ô malheureux marquis ! nous ne verrons jamais Cachemire, nous ne rentrerons jamais dans la terre de Candahar. »

La plus cuisante douleur, l'abattement le plus accablant, succédaient dans l'âme de Rustan à la joie immodérée qu'il avait ressentie, aux espérances dont il s'était enivré. Il était bien loin d'interpréter les prophéties à son avantage. « Ô ciel ! ô Dieu paternel ! faut-il que j'aie perdu mon ami Topaze ! »

Comme il prononçait ces paroles en poussant de profonds soupirs et en versant des larmes au milieu de ses suivants désespérés, voilà la base de la montagne qui s'ouvre, une longue galerie en voûte, éclairée de cent mille flambeaux, se présente aux yeux éblouis ; et Rustan de s'écrier, et ses gens de se jeter à genoux, et de tomber d'étonnement à la renverse, et de crier miracle ! et de dire : « Rustan est le favori de Vitsnou, le bien-aimé de Brahma ; il sera le maître du monde. » Rustan le croyait, il était hors de lui, élevé au-dessus de lui-même. « Ah ! Ébène, mon cher Ébène ! où êtes-vous ? que n'êtes-vous témoin de toutes ces merveilles ? comment vous ai-je perdu ? Belle princesse de Cachemire, quand reverrai-je vos charmes ? »

Il avance avec ses domestiques, son éléphant, ses chameaux, sous la voûte de la montagne, au bout de laquelle il entre dans une prairie émaillée de fleurs et bordée de ruisseaux ; et au bout de la prairie ce sont des allées d'arbres à perte de vue ; et au bout de ces allées, une rivière, le long de laquelle sont mille maisons de plaisance, avec des jardins délicieux. Il entend partout des concerts de voix et d'instruments ; il voit des danses ; il se hâte de passer un des ponts de la rivière ; il demande au premier homme qu'il rencontre : « Quel est ce beau pays ? »

Celui auquel il s'adressait lui répondit : « Vous êtes dans la province de Cachemire ; vous voyez les habitants dans la joie et dans les plaisirs: nous célébrons les noces de notre belle princesse qui va se marier avec le seigneur Barbabou, à qui son père l'a promise; que Dieu perpétue leur félicité!» À ces paroles Rustan tomba évanoui, et le seigneur cachemirien crut qu'il était sujet à l'épilepsie; il le fit porter dans sa maison, où il fut longtemps sans connaissance. On alla chercher les deux plus habiles médecins du canton; ils tâtèrent le pouls du malade, qui, ayant repris un peu ses esprits, poussait des sanglots, roulait les yeux, et s'écriait de temps en temps: «Topaze, Topaze, vous aviez bien raison!»

L'un des deux médecins dit au seigneur cachemirien: «Je vois à son accent que c'est un jeune homme de Candahar, à qui l'air de ce pays ne vaut rien; il faut le renvoyer chez lui; je vois à ses yeux qu'il est devenu fou; confiez-le-moi, je le ramènerai dans sa patrie, et je le guérirai.» L'autre médecin assura qu'il n'était malade que de chagrin, qu'il fallait le mener aux noces de la princesse et le faire danser. Pendant qu'ils consultaient, le malade reprit ses forces; les deux médecins furent congédiés, et Rustan demeura tête à tête avec son hôte.

«Seigneur, lui dit-il, je vous demande pardon de m'être évanoui devant vous, je sais que cela n'est pas poli; je vous supplie de vouloir bien accepter mon éléphant en reconnaissance des bontés dont vous m'avez honoré.» Il lui conta ensuite toutes ses aventures, en se gardant bien de lui parler de l'objet de son voyage. «Mais, au nom de Vitsnou et de Brahma, lui dit-il, apprenez-moi quel est cet heureux Barbabou qui épouse la princesse de Cachemire; pourquoi son père l'a choisi pour gendre, et pourquoi la princesse l'a accepté pour époux. — Seigneur, lui dit le Cachemirien, la princesse n'a point du tout accepté Barbabou: au contraire, elle est dans les pleurs, tandis que toute la province célèbre avec joie son mariage; elle s'est enfermée dans la tour de son palais; elle ne veut voir aucune des réjouissances qu'on fait pour elle.» Rustan, en entendant ces paroles, se sentit renaître; l'éclat de ses couleurs, que la douleur avait flétries, reparut sur son visage. «Dites-moi, je vous prie, continua-t-il, pourquoi le prince de Cachemire s'obstine à donner sa fille à un Barbabou dont elle ne veut pas.

— Voici le fait, répondit le Cachemirien. Savez-vous que notre auguste prince avait perdu un gros diamant et un javelot qui lui tenaient fort au cœur? — Ah! je le sais très bien, dit Rustan.

— Apprenez donc, dit l'hôte, que notre prince, au désespoir de n'avoir point de nouvelles de ses deux bijoux, après les avoir fait longtemps chercher par toute la terre, a promis sa fille à quiconque lui rapporterait l'un ou l'autre. Il est venu un seigneur Barbabou qui était muni du diamant, et il épouse demain la princesse.»

Rustan pâlit, bégaya un compliment, prit congé de son hôte, et courut sur son dromadaire à la ville, capitale où se devait faire la cérémonie. Il arrive au palais du prince ; il dit qu'il a des choses importantes à lui communiquer ; il demande une audience ; on lui répond que le prince est occupé des préparatifs de la noce. «C'est pour cela même, dit-il, que je veux lui parler.» Il presse tant qu'il est introduit. «Monseigneur, dit-il, que Dieu couronne tous vos jours de gloire et de magnificence ! Votre gendre est un fripon.

— Comment ! un fripon ? qu'osez-vous dire ? Est-ce ainsi qu'on parle à un duc de Cachemire du gendre qu'il a choisi ? — Oui, un fripon, reprit Rustan ; et, pour le prouver à Votre Altesse, c'est que voici votre diamant que je vous rapporte.»

Le duc, tout étonné, confronta les deux diamants ; et, comme il ne s'y connaissait guère, il ne put dire quel était le véritable. «Voilà deux diamants, dit-il, et je n'ai qu'une fille ; me voilà dans un étrange embarras !» Il fit venir Barbabou et lui demanda s'il ne l'avait point trompé. Barbabou jura qu'il avait acheté son diamant d'un Arménien ; l'autre ne disait pas de qui il tenait le sien, mais il proposa un expédient : ce fut qu'il plût à Son Altesse de le faire combattre sur-le-champ contre son rival. «Ce n'est pas assez que votre gendre donne un diamant, disait-il, il faut aussi qu'il donne des preuves de valeur. Ne trouvez-vous pas bon que celui qui tuera l'autre épouse la princesse ? — Très bon, répondit le prince ; ce sera un fort beau spectacle pour la cour : battez-vous vite tous deux ; le vainqueur prendra les armes du vaincu, selon l'usage de Cachemire, et il épousera ma fille.»

Les deux prétendants descendent aussitôt dans la cour. Il y avait sur l'escalier une pie et un corbeau. Le corbeau criait: «Battez-vous, battez-vous» ; la pie : «Ne vous battez pas.» Cela fit rire le prince ; les deux rivaux y prirent garde à peine : ils commencent le combat ; tous les courtisans faisaient un cercle autour d'eux. La princesse, se tenant toujours renfermée dans sa tour, ne voulut point assister à ce spectacle ; elle était bien loin de se douter que son amant fût à Cachemire, et elle avait tant d'horreur pour Barbabou qu'elle ne voulait rien voir. Le combat se passa le mieux du monde ; Barbabou fut tué roide, et le peuple en fut charmé, parce qu'il était laid, et que Rustan était fort joli : c'est presque toujours ce qui décide de la faveur publique.

Le vainqueur revêtit la cotte de mailles, l'écharpe et le casque du vaincu, et vint, suivi de toute la cour, au son des fanfares, se présenter sous les fenêtres de sa maîtresse. Tout le monde criait : «Belle princesse, venez voir votre beau mari qui a tué son vilain rival» ; ses femmes répétaient ces paroles. La princesse mit par malheur la tête à la fenêtre, et, voyant l'armure d'un homme qu'elle abhorrait, elle courut en désespérée à son coffre de la Chine et tira le javelot fatal qui alla percer son cher Rustan au défaut de la cuirasse ; il jeta un grand cri, et à ce cri la princesse crut reconnaître la voix de son malheureux amant.

Elle descend échevelée, la mort dans les yeux et dans le cœur. Rustan était déjà tombé tout sanglant dans les bras de son père. Elle le voit : ô moment! ô vue! ô reconnaissance dont on ne peut exprimer ni la douleur, ni la tendresse, ni l'horreur! Elle se jette sur lui, elle l'embrasse. «Tu reçois, lui dit-elle, les premiers et les derniers baisers de ton amante et de ta meurtrière.» Elle retire le dard de la plaie, l'enfonce dans son cœur et meurt sur l'amant qu'elle adore. Le père, épouvanté, éperdu, prêt à mourir comme elle, tâche en vain de la rappeler à la vie ; elle n'était plus ; il maudit ce dard fatal, le brise en morceaux, jette au loin ces deux diamants funestes ; et tandis qu'on prépare les funérailles de sa fille au lieu de son mariage, il fait transporter dans son palais Rustan ensanglanté qui avait encore un reste de vie.

On le porte dans un lit. La première chose qu'il voit aux deux côtés de ce lit de mort, c'est Topaze et Ébène. Sa surprise lui rendit un peu de force. «Ah! cruels, dit-il, pourquoi m'avez-vous abandonné? Peut-être la princesse vivrait encore, si vous aviez été près du malheureux Rustan. — Je ne vous ai pas abandonné un seul moment, dit Topaze. — J'ai toujours été près de vous, dit Ébène.

— Ah! que dites-vous? pourquoi insulter à mes derniers moments? répondit Rustan d'une voix languissante. — Vous pouvez m'en croire, dit Topaze ; vous savez que je n'approuvai jamais ce fatal voyage dont je prévoyais les horribles suites. C'est moi qui étais l'aigle qui a combattu contre le vautour, et qu'il a déplumé ; j'étais l'éléphant qui emportait le bagage pour vous forcer à retourner dans votre patrie ; j'étais l'âne rayé qui vous ramenait malgré vous chez votre père ; c'est moi qui ai égaré vos chevaux ; c'est moi qui ai formé le torrent qui vous empêchait de passer ; c'est moi qui ai élevé la montagne qui vous fermait un chemin si funeste ; j'étais le médecin qui vous conseillait l'air natal ; j'étais la pie qui vous criait de ne point combattre. — Et moi, dit Ébène, j'étais le vautour qui a déplumé l'aigle, le rhinocéros qui donnait cent coups de corne à l'éléphant, le vilain qui battait l'âne rayé, le marchand qui vous donnait des chameaux pour courir à votre perte ; j'ai bâti le pont sur lequel vous avez passé ; j'ai creusé la caverne que vous avez traversée ; je suis le médecin qui vous encourageait à marcher, le corbeau qui vous criait de vous battre.

— Hélas ! souviens-toi des oracles, dit Topaze : *Si tu vas à l'orient, tu seras à l'occident*. — Oui, dit Ébène, on ensevelit ici les morts le visage tourné à l'occident : l'oracle était clair, que ne l'as-tu compris ? *Tu as possédé, et tu ne possédais pas* : car tu avais le diamant, mais il était faux, et tu n'en savais rien. Tu es vainqueur, et tu meurs ; tu es Rustan, et tu cesses de l'être : tout a été accompli. »

Comme il parlait ainsi, quatre ailes blanches couvrirent le corps de Topaze, et quatre ailes noires celui d'Ébène. « Que vois-je ? » s'écria Rustan. Topaze et Ébène répondirent ensemble : « Tu vois tes deux génies. — Eh ! messieurs, leur dit le malheureux Rustan, de quoi vous mêliez-vous ? et pourquoi deux génies pour un pauvre homme ? — C'est la loi, dit Topaze, chaque homme a ses deux génies, c'est Platon qui l'a dit le premier, et d'autres l'ont répété ensuite ; tu vois que rien n'est plus véritable : moi qui te parle, je suis ton bon génie, et ma charge était de veiller auprès de toi jusqu'au dernier moment de ta vie ; je m'en suis fidèlement acquitté. — Mais, dit le mourant, si ton emploi était de me servir, je suis donc d'une nature fort supérieure à la tienne ; et puis comment oses-tu dire que tu es mon bon génie, quand tu m'as laissé tromper dans tout ce que j'ai entrepris, et que tu me laisses mourir, moi et ma maîtresse, misérablement ? — Hélas ! c'était ta destinée, dit Topaze. — Si c'est la destinée qui fait tout, dit le mourant, à quoi un génie est-il bon ? Et toi, Ébène, avec tes quatre ailes noires, tu es apparemment mon mauvais génie. — Vous l'avez dit, répondit Ébène. — Mais tu étais donc aussi le mauvais génie de ma princesse? — Non, elle avait le sien; et je l'ai parfaitement secondé. — Ah! maudit Ébène, si tu es si méchant, tu n'appartiens donc pas au même maître que Topaze? Vous avez été formés tous deux par deux principes différents, dont l'un est bon et l'autre méchant de sa nature? — Ce n'est pas une conséquence, dit Ébène, mais c'est une grande difficulté. — Il n'est pas possible, reprit l'agonisant, qu'un être favorable ait fait un génie si funeste. — Possible ou non possible, repartit Ébène, la chose est comme je te le dis. — Hélas! dit Topaze, mon pauvre ami, ne vois-tu pas que ce coquin-là a encore la malice de te faire disputer pour allumer ton sang et précipiter l'heure de ta mort? — Va, je ne suis guère plus content de toi que de lui, dit le triste Rustan: il avoue du moins qu'il a voulu me faire du mal; et toi, qui prétendais me défendre, tu ne m'as servi de rien. — J'en suis bien fâché, dit le bon génie. — Et moi aussi, dit le mourant; il y a quelque chose là-dessous que je ne comprends pas. — Ni moi non plus, dit le pauvre bon génie. — J'en serai instruit dans un moment, dit Rustan. — C'est ce que nous verrons», dit Topaze. Alors tout disparut. Rustan se retrouva dans la maison de son père, dont il n'était pas sorti, et dans son lit, où il avait dormi une heure.

Il se réveille en sursaut, tout en sueur, tout égaré; il se tâte, il appelle, il crie, il sonne. Son valet de chambre Topaze accourt en bonnet de nuit, et tout en bâillant.

«Suis-je mort, suis-je en vie? s'écria Rustan; la belle princesse de Cachemire en réchappera-t-elle?... — Monseigneur rêve-t-il? répondit froidement Topaze.

— Ah! s'écriait Rustan, qu'est donc devenu ce barbare Ébène avec ses quatre ailes noires? C'est lui qui me fait mourir d'une mort si cruelle. — Monseigneur, je l'ai laissé là-haut qui ronfle; voulez-vous qu'on le fasse descendre? — Le scélérat! il y a six mois entiers qu'il me persécute; c'est lui qui me mena à cette fatale foire de Kaboul; c'est lui qui m'escamota le diamant que m'avait donné la princesse; il est seul la cause de mon voyage, de la mort de ma princesse, et du coup de javelot dont je meurs à la fleur de mon âge.

— Rassurez-vous, dit Topaze; vous n'avez jamais été à Kaboul; il n'y a point de princesse de Cachemire; son père n'a jamais eu que deux garçons qui sont actuellement au collège. Vous n'avez jamais eu de diamant ; la princesse ne peut être morte puisqu'elle n'est pas née, et vous vous portez à merveille.

— Comment ! il n'est pas vrai que tu m'assistais à la mort dans le lit du prince de Cachemire ? Ne m'as-tu pas avoué que, pour me garantir de tant de malheurs, tu avais été aigle, éléphant, âne rayé, médecin et pie ? — Monseigneur, vous avez rêvé tout cela : nos idées ne dépendent pas plus de nous dans le sommeil que dans la veille. Dieu a voulu que cette file d'idées vous ait passé par la tête, pour vous donner apparemment quelque instruction dont vous ferez votre profit.

— Tu te moques de moi, reprit Rustan ; combien de temps ai-je dormi ? — Monseigneur, vous n'avez encore dormi qu'une heure. — Eh bien ! maudit raisonneur, comment veux-tu qu'en une heure de temps j'aie été à la foire de Kaboul il y a six mois, que j'en sois revenu, que j'aie fait le voyage de Cachemire, et que nous soyons morts, Barbabou, la princesse et moi ? — Monseigneur, il n'y a rien de plus aisé et de plus ordinaire, et vous auriez pu réellement faire le tour du monde et avoir beaucoup plus d'aventures en bien moins de temps.

« N'est-il pas vrai que vous pouvez lire en une heure l'abrégé de l'histoire des Perses, écrite par Zoroastre ? cependant, cet abrégé contient huit cent mille années. Tous ces événements passent sous vos yeux l'un après l'autre en une heure ; or vous m'avouerez qu'il est aussi aisé à Brahma de les resserrer tous dans l'espace d'une heure que de les étendre dans l'espace de huit cent mille années ; c'est précisément la même chose. Figurez-vous que le temps tourne sur une roue dont le diamètre est infini. Sous cette roue immense sont une multitude innombrable de roues les unes dans les autres ; celle du centre est imperceptible et fait un nombre infini de tours précisément dans le même temps que la grande roue n'en achève qu'un. Il est clair que tous les événements, depuis le commencement du monde jusqu'à sa fin, peuvent arriver successivement en beaucoup moins de temps que la cent millième partie d'une seconde ; et on peut dire même que la chose est ainsi.

— Je n'y entends rien, dit Rustan. — Si vous voulez, dit Topaze, j'ai un perroquet qui vous le fera aisément comprendre. Il est né quelque temps avant le déluge ; il a été dans l'arche ; il a beaucoup vu ; cependant il n'a encore qu'un an et demi : il vous contera son histoire qui est fort intéressante.

— Allez vite chercher votre perroquet, dit Rustan ; il m'amusera jusqu'à ce que je puisse me rendormir. — Il est chez ma sœur la religieuse, dit Topaze ; je vais le chercher, vous en serez content ; sa mémoire est fidèle, il conte simplement, sans chercher à montrer de l'esprit à tout propos et sans faire des phrases. — Tant mieux, dit Rustan, voilà comme j'aime les contes. » On lui mena le perroquet lequel parla ainsi.

N.B. – Mlle Catherine Vadé n'a jamais pu trouver l'histoire du perroquet dans le portefeuille de feu son cousin Antoine Vadé, auteur de ce conte. C'est grand dommage, vu le temps auquel vivait ce perroquet.

Songe de Platon

Platon rêvait beaucoup, et on n'a pas moins rêvé depuis. Il avait songé que la nature humaine était autrefois double, et qu'en punition de ses fautes elle fut divisée en mâle et femelle.

Il avait prouvé qu'il ne peut y avoir que cinq mondes parfaits, parce qu'il n'y a que cinq corps réguliers en mathématiques. Sa *République* fut un de ses grands rêves. Il avait rêvé encore que le dormir naît de la veille et la veille du dormir, et qu'on perd sûrement la vue en regardant une éclipse ailleurs que dans un bassin d'eau. Les rêves alors donnaient une grande réputation.

Voici un de ses songes, qui n'est pas un des moins intéressants. Il lui sembla que le grand Démiourgos, l'éternel géomètre, ayant peuplé l'espace infini de globes innombrables, voulut éprouver la science des génies qui avaient été témoins de ses ouvrages. Il donna à chacun d'entre eux un petit morceau de matière à arranger, à peu près comme Phidias et Zeuxis auraient donné des statues et des tableaux à faire à leurs disciples, s'il est permis de comparer les petites choses aux grandes.

Démogorgon eut en partage le morceau de boue qu'on appelle *la terre* ; et, l'ayant arrangé de la manière qu'on le voit aujourd'hui, il prétendait avoir fait un chef-d'œuvre. Il pensait avoir subjugué l'envie, et attendait des éloges, même de ses confrères ; il fut bien surpris d'être reçu d'eux avec des huées.

L'un d'eux, qui était un fort mauvais plaisant, lui dit : « Vraiment, vous avez bien opéré : vous avez séparé votre monde en deux, et vous avez mis un grand espace d'eau entre les deux hémisphères, afin qu'il n'y eût point de communication de l'un à l'autre. On gèlera de froid sous vos deux pôles, on mourra de chaud sous votre ligne équinoxiale. Vous avez prudemment établi de grands déserts de sable, pour que les passants y mourussent de faim et de soif. Je suis assez content de vos moutons, de vos vaches et de vos poules ; mais, franchement, je ne le suis pas trop de vos serpents et de vos araignées. Vos oignons et vos artichauts sont de très bonnes choses ; mais je ne vois pas quelle a été votre idée en couvrant la terre de tant de plantes venimeuses, à moins que vous n'ayez eu le dessein d'empoisonner ses habitants. Il me paraît d'ailleurs que vous avez formé une trentaine d'espèces de singes, beaucoup plus d'espèces de chiens, et seulement quatre ou cinq espèces d'hommes : il est vrai que vous avez donné à ce dernier animal ce que vous appelez *la raison* ; mais, en conscience, cette raison-là est trop ridicule, et approche trop de la folie. Il me paraît d'ailleurs que vous ne faites pas grand cas de cet animal à deux pieds, puisque vous lui avez donné tant d'ennemis, et si peu de défense ; tant de maladies, et si peu de remèdes ; tant de passions, et si peu de sagesse. Vous ne voulez pas apparemment qu'il reste beaucoup de ces animaux-là sur terre : car, sans compter les dangers auxquels vous les exposez, vous avez si bien fait votre compte qu'un jour la petite vérole emportera tous les ans régulièrement la dixième partie de cette espèce, et que la sœur de cette petite vérole empoisonnera la source de la vie dans les neuf parties qui resteront ; et, comme si ce n'était pas encore assez, vous avez tellement disposé les choses que la moitié des survivants sera occupée à plaider, et l'autre à se tuer ; ils vous auront sans doute beaucoup d'obligation ; et vous avez fait là un beau chef-d'œuvre. »

Démogorgon rougit : il sentait bien qu'il y avait du mal moral et du mal physique dans son affaire ; mais il soutenait qu'il y avait plus de bien que de mal. « Il est aisé de critiquer, dit-il ; mais pensez-vous qu'il soit si facile de faire un animal qui soit toujours raisonnable, qui soit libre, et qui n'abuse jamais de sa liberté ? Pensez-vous que, quand on a neuf ou dix mille plantes à faire provigner, on puisse si aisément empêcher que quelques-unes de ces plantes n'aient des qualités nuisibles ? Vous imaginez-vous qu'avec une certaine quantité d'eau, de sable, de fange et de feu, on puisse n'avoir ni mer ni désert ? Vous venez, Monsieur le rieur, d'arranger la planète de Mars ; nous verrons comment vous vous en êtes tiré avec vos deux grandes bandes, et quel bel effet feront vos nuits sans lune ; nous verrons s'il n'y a chez vos gens ni folie ni maladie. »

En effet, les génies examinèrent Mars, et on tomba rudement sur le railleur. Le sérieux génie qui avait pétri Saturne ne fut pas épargné ; ses confrères les fabricateurs de Jupiter, de Mercure, de Vénus eurent chacun des reproches à essuyer.

On écrivit de gros volumes et des brochures ; on dit des bons mots ; on fit des chansons ; on se donna des ridicules ; les partis s'aigrirent ; enfin l'éternel Démiourgos leur imposa silence à tous :

« Vous avez fait, leur dit-il, du bon et du mauvais, parce que vous avez beaucoup d'intelligence, et que vous êtes imparfaits ; vos œuvres dureront seulement quelques centaines de millions d'années ; après quoi, étant plus instruits, vous ferez mieux : il n'appartient qu'à moi de faire des choses parfaites et immortelles. »

Voilà ce que Platon enseignait à ses disciples. Quand il eut cessé de parler, l'un d'eux lui dit : *Et puis vous vous réveillâtes.*

Lettre d'un Turc

sur les fakirs et sur son ami Bababec

Lorsque j'étais dans la ville de Bénarès sur le rivage du Gange, ancienne patrie des bracmanes, je tâchai de m'instruire. J'entendais passablement l'indien; j'écoutais beaucoup et remarquais tout. J'étais logé chez mon correspondant Omri; c'était le plus digne homme que j'aie jamais connu. Il était de la religion des bramins, j'ai l'honneur d'être musulman: jamais nous n'avons eu une parole plus haute que l'autre au sujet de Mahomet et de Brahma. Nous faisions nos ablutions chacun de notre côté; nous buvions de la même limonade, nous mangions du même riz, comme deux frères.

Un jour nous allâmes ensemble à la pagode de Gavani. Nous y vîmes plusieurs bandes de fakirs, dont les uns étaient des janguis, c'est-à-dire des fakirs contemplatifs, et les autres des disciples des anciens gymnosophistes, qui menaient une vie active. Ils ont, comme on sait, une langue savante, qui est celle des plus anciens bracmanes, et, dans cette langue, un livre qu'ils appellent le *Veidam*. C'est assurément le plus ancien livre de toute l'Asie, sans en excepter le *Zend-Vesta*.

Je passai devant un fakir qui lisait ce livre. « Ah! malheureux infidèle! s'écria-t-il, tu m'as fait perdre le nombre des voyelles que je comptais; et, de cette affaire-là, mon âme passera dans le corps d'un lièvre au lieu d'aller dans celui d'un perroquet, comme j'avais tout lieu de m'en flatter. » Je lui donnai une roupie pour le consoler. À quelques pas de là, ayant eu le malheur d'éternuer, le bruit que je fis réveilla un fakir qui était en extase. « Où suis-je? dit-il. Quelle horrible chute! je ne vois plus le bout de mon nez: la lumière céleste est disparue[1]. — Si je suis cause, lui dis-je, que

---

1. Quand les fakirs veulent voir la lumière céleste, ce qui est très commun parmi eux, ils tournent les yeux vers le bout de leur nez.

vous voyez enfin plus loin que le bout de votre nez, voilà une roupie pour réparer le mal que j'ai fait; reprenez votre lumière céleste. »

M'étant ainsi tiré d'affaire discrètement, je passai aux autres gymnosophistes: il y en eut plusieurs qui m'apportèrent de petits clous fort jolis, pour m'enfoncer dans les bras et dans les cuisses en l'honneur de Brahma. J'achetai leurs clous, dont j'ai fait clouer mes tapis. D'autres dansaient sur les mains; d'autres voltigeaient sur la corde lâche; d'autres allaient toujours à cloche-pied. Il y en avait qui portaient des chaînes, d'autres un bât; quelques-uns avaient leur tête dans un boisseau: au demeurant les meilleures gens du monde. Mon ami Omri me mena dans la cellule d'un des plus fameux; il s'appelait Bababec: il était nu comme un singe, et avait au cou une grosse chaîne qui pesait plus de soixante livres. Il était assis sur une chaise de bois, proprement garnie de petites pointes de clous qui lui entraient dans les fesses, et on aurait cru qu'il était sur un lit de satin. Beaucoup de femmes venaient le consulter; il était l'oracle des familles; et on peut dire qu'il jouissait d'une très grande réputation. Je fus témoin du long entretien qu'Omri eut avec lui. « Croyez-vous, lui dit-il, mon père, qu'après avoir passé par l'épreuve des sept métempsycoses, je puisse parvenir à la demeure de Brahma? — C'est selon, dit le fakir; comment vivez-vous? — Je tâche, dit Omri, d'être bon citoyen, bon mari, bon père, bon ami; je prête de l'argent sans intérêt aux riches dans l'occasion; j'en donne aux pauvres; j'entretiens la paix parmi mes voisins. — Vous mettez-vous quelquefois des clous dans le cul? demanda le bramin. — Jamais, mon Révérend Père. — J'en suis fâché, répliqua le fakir: vous n'irez certainement que dans le dix-neuvième ciel; et c'est dommage. — Comment! dit Omri, cela est fort honnête; je suis très content de mon lot: que m'importe du dix-neuvième ou du vingtième, pourvu que je fasse mon devoir dans mon pèlerinage, et que je sois bien reçu au dernier gîte? N'est-ce pas assez d'être honnête homme dans ce pays-ci, et d'être ensuite heureux au pays de Brahma? Dans quel ciel prétendez-vous donc aller, vous, monsieur Bababec, avec vos clous et vos chaînes? – Dans le trente-cinquième, dit Bababec. — Je vous trouve plaisant, répliqua Omri, de prétendre être logé plus haut que moi: ce ne peut être assurément que l'effet d'une excessive ambition. Vous condamnez ceux qui recherchent les honneurs dans cette vie, pourquoi en voulez-vous de si grands dans l'autre? Et sur quoi d'ailleurs prétendez-vous être mieux traité que moi? Sachez que je donne plus en aumônes en dix jours que ne vous coûtent en dix ans tous les clous que vous vous enfoncez dans le derrière. Brahma a bien affaire que vous passiez la journée tout nu, avec une chaîne au cou; vous rendez là un beau service à la patrie. Je fais cent fois plus de cas d'un homme qui sème des légumes, ou qui plante des arbres, que de tous vos camarades qui regardent le bout de leur nez ou qui portent un bât par excès de noblesse d'âme.» Ayant parlé ainsi, Omri se radoucit, le caressa, le persuada, l'engagea enfin à laisser là ses clous et sa chaîne et à venir chez lui mener une vie honnête. On le décrassa, on le frotta d'essences parfumées, on l'habilla décemment; il vécut quinze jours d'une manière fort sage, et avoua qu'il était cent fois plus heureux qu'auparavant. Mais il perdait son crédit dans le peuple; les femmes ne venaient plus le consulter; il quitta Omri, et reprit ses clous, pour avoir de la considération.

Aventure indienne

traduite par l'ignorant

Pythagore, dans son séjour aux Indes, apprit, comme tout le monde sait, à l'école des gymnosophistes, le langage des bêtes et celui des plantes. Se promenant un jour dans une prairie assez près du rivage de la mer, il entendit ces paroles: «Que je suis malheureuse d'être née herbe! à peine suis-je parvenue à deux pouces de hauteur que voilà un monstre dévorant, un animal horrible, qui me foule sous ses larges pieds; sa gueule est armée d'une rangée de faux tranchantes avec laquelle il me coupe, me déchire et m'engloutit. Les hommes nomment ce monstre un *mouton*. Je ne crois pas qu'il y ait au monde une plus abominable créature.»

Pythagore avança quelques pas; il trouva une huître qui bâillait sur un petit rocher; il n'avait point encore embrassé cette admirable loi par laquelle il est défendu de manger les animaux nos semblables. Il allait avaler l'huître, lorsqu'elle prononça ces mots attendrissants: «Ô nature! que l'herbe, qui est comme moi ton ouvrage, est heureuse! Quand on l'a coupée, elle renaît, elle est immortelle; et nous, pauvres huîtres, en vain sommes-nous défendues par une double cuirasse; des scélérats nous mangent par douzaines à leur déjeuner, et c'en est fait pour jamais. Quelle épouvantable destinée que celle d'une huître, et que les hommes sont barbares!»

Pythagore tressaillit; il sentit l'énormité du crime qu'il allait commettre: il demanda pardon à l'huître en pleurant, et la remit bien proprement sur son rocher.

Comme il rêvait profondément à cette aventure en retournant à la ville, il vit des araignées qui mangeaient des mouches, des hirondelles qui mangeaient des araignées, des éperviers qui mangeaient des hirondelles. «Tous ces gens-là, dit-il, ne sont pas philosophes.»

Pythagore, en entrant, fut heurté, froissé, renversé par une multitude de gredins et de gredines qui couraient en criant: «C'est bien fait, c'est bien fait, ils l'ont bien mérité. — Qui? quoi?» dit Pythagore en se relevant; et les gens couraient toujours en disant: «Ah! que nous aurons de plaisir de les voir cuire!»

Pythagore crut qu'on parlait de lentilles ou de quelques autres légumes; point du tout, c'était de deux pauvres Indiens. «Ah! sans doute, dit Pythagore, ce sont deux grands philosophes qui sont las de la vie; ils sont bien aises de renaître sous une autre forme; il y a du plaisir à changer de maison, quoiqu'on soit toujours mal logé; il ne faut pas disputer des goûts.»

Il avança avec la foule jusqu'à la place publique, et ce fut là qu'il vit un grand bûcher allumé, et vis-à-vis de ce bûcher un banc qu'on appelait un *tribunal*, et sur ce banc des juges, et ces juges tenaient tous une queue de vache à la main, et ils avaient sur la tête un bonnet ressemblant parfaitement aux deux oreilles de l'animal qui porta Silène quand il vint autrefois au pays avec Bacchus, après avoir traversé la mer Érythrée à pied sec, et avoir arrêté le soleil et la lune, comme on le raconte fidèlement dans les *Orphiques*.

Il y avait parmi ces juges un honnête homme fort connu de Pythagore. Le sage de l'Inde expliqua au sage de Samos de quoi il était question dans la fête qu'on allait donner au peuple indou.

«Les deux Indiens, dit-il, n'ont nulle envie d'être brûlés; mes graves confrères les ont condamnés à ce supplice, l'un pour avoir dit que la substance de Xaca n'est pas la substance de Brahma; et l'autre, pour avoir soupçonné qu'on pouvait plaire à l'Être suprême par la vertu, sans tenir en mourant une vache par la queue; parce que, disait-il, on peut être vertueux en tout temps, et qu'on ne trouve pas toujours une vache à point nommé. Les bonnes femmes de la ville ont été si effrayées de ces deux propositions si hérétiques qu'elles n'ont point donné de repos aux juges jusqu'à ce qu'ils aient ordonné le supplice de ces deux infortunés.»

Pythagore jugea que depuis l'herbe jusqu'à l'homme il y avait bien des sujets de chagrin. Il fit pourtant entendre raison aux juges, et même aux dévotes; et c'est ce qui n'est arrivé que cette seule fois.

Ensuite il alla prêcher la tolérance à Crotone; mais un intolérant mit le feu à sa maison: il fut brûlé, lui qui avait tiré deux Indous des flammes. *Sauve qui peut!*

Cosi-Sancta

Un petit mal pour un grand bien

Nouvelle africaine

C'est une maxime faussement établie, qu'il n'est pas permis de faire un petit mal dont un plus grand bien pourrait résulter. Saint Augustin a été entièrement de cet avis, comme il est aisé de le voir dans le récit de cette petite aventure arrivée dans son diocèse sous le proconsulat de Septimius Acindynus, et rapportée dans le livre de *La Cité de Dieu*.

Il y avait à Hippone un vieux curé grand inventeur de confréries, confesseur de toutes les jeunes filles du quartier, et qui passait pour un homme inspiré de Dieu, parce qu'il se mêlait de dire la bonne aventure, métier dont il se tirait assez passablement.

On lui amena un jour une jeune fille nommée Cosi-Sancta : c'était la plus belle personne de la province. Elle avait un père et une mère jansénistes, qui l'avaient élevée dans les principes de la vertu la plus rigide ; et de tous les amants qu'elle avait eus, aucun n'avait pu seulement lui causer, dans ses oraisons, un moment de distraction. Elle était accordée depuis quelques jours à un petit vieillard ratatiné, nommé Capito, conseiller au présidial d'Hippone. C'était un petit homme bourru et chagrin qui ne manquait pas d'esprit, mais qui était pincé dans la conversation, ricaneur et assez mauvais plaisant ; jaloux d'ailleurs comme un Vénitien, et qui pour rien au monde ne se serait accommodé d'être l'ami des galants de sa femme. La jeune créature faisait tout ce qu'elle pouvait pour l'aimer, parce qu'il devait être son mari : elle y allait de la meilleure foi du monde, et cependant n'y réussissait guère.

Elle alla consulter son curé pour savoir si son mariage serait heureux. Le bonhomme lui dit d'un ton de prophète : *Ma fille, ta vertu causera bien des malheurs, mais tu seras un jour canonisée pour avoir fait trois infidélités à ton mari.*

Cet oracle étonna et embarrassa cruellement l'innocence de cette belle fille. Elle pleura ; elle en demanda l'explication, croyant que ces paroles cachaient quelque sens mystique ; mais toute l'explication qu'on lui donna fut que les trois fois ne devaient point s'entendre de trois rendez-vous avec le même amant, mais de trois aventures différentes.

Alors Cosi-Sancta jeta les hauts cris ; elle dit même quelques injures au curé, et jura qu'elle ne serait jamais canonisée. Elle le fut pourtant, comme vous l'allez voir.

Elle se maria bientôt après : la noce fut très galante ; elle soutint assez bien tous les mauvais discours qu'elle eut à essuyer, toutes les équivoques fades, toutes les grossièretés assez mal enveloppées dont on embarrasse ordinairement la pudeur des jeunes mariées. Elle dansa de fort bonne grâce avec quelques jeunes gens fort bien faits et très jolis, à qui son mari trouvait le plus mauvais air du monde.

Elle se mit au lit auprès du petit Capito avec un peu de répugnance. Elle passa une fort bonne partie de la nuit à dormir, et se réveilla toute rêveuse. Son mari était pourtant moins le sujet de sa rêverie qu'un jeune homme, nommé Ribaldos, qui lui avait donné dans la tête sans qu'elle en sût rien. Ce jeune homme semblait formé par les mains de l'Amour : il en avait les grâces, la hardiesse et la friponnerie ; il était un peu indiscret, mais il ne l'était qu'avec celles qui le voulaient bien : c'était la coqueluche d'Hippone. Il avait brouillé toutes les femmes de la ville les unes contre les autres, et il l'était avec tous les maris et toutes les mères. Il aimait d'ordinaire par étourderie, un peu par vanité ; mais il aima Cosi-Sancta par goût, et l'aima d'autant plus éperdument que la conquête en était plus difficile.

Il s'attacha d'abord, en homme d'esprit, à plaire au mari. Il lui faisait mille avances, le louait sur sa bonne mine et sur son esprit aisé et galant. Il perdait contre lui de l'argent au jeu, et avait tous les jours quelque confidence de rien à lui faire. Cosi-Sancta le trouvait le plus aimable du monde. Elle l'aimait déjà plus qu'elle ne croyait ; elle ne s'en doutait point, mais son mari s'en douta pour elle. Quoiqu'il eût tout l'amour-propre qu'un petit homme peut avoir, il ne laissa pas de se douter que les visites de Ribaldos n'étaient pas pour lui seul. Il rompit avec lui sur quelques mauvais prétextes, et lui défendit sa maison.

Cosi-Sancta en fut très fâchée, et n'osa le dire ; et Ribaldos, devenu plus amoureux par les difficultés, passa tout son temps à épier les moments de la voir. Il se déguisa en moine, en revendeuse à la toilette, en joueur de marionnettes ; mais il n'en fit point assez pour triompher de sa maîtresse, et il en fit trop pour n'être pas reconnu par le mari. Si Cosi-Sancta avait été d'accord avec son amant, ils auraient si bien pris leurs mesures que le mari n'aurait rien pu soupçonner ; mais, comme elle combattait son goût et qu'elle n'avait rien à se reprocher, elle sauvait tout, hors les apparences, et son mari la croyait très coupable.

Le petit bonhomme, qui était très colère et qui s'imaginait que son honneur dépendait de la fidélité de sa femme, l'outragea cruellement, et la punit de ce qu'on la trouvait belle. Elle se trouva dans la plus horrible situation où une femme puisse être : accusée injustement et maltraitée par un mari à qui elle était fidèle, et déchirée par une passion violente qu'elle cherchait à surmonter.

Elle crut que, si son amant cessait ses poursuites, son mari pourrait cesser ses injustices, et qu'elle serait assez heureuse pour se guérir d'un amour que rien ne nourrirait plus. Dans cette vue, elle se hasarda d'écrire cette lettre à Ribaldos :

> *Si vous avez de la vertu, cessez de me rendre malheureuse : vous m'aimez et votre amour m'expose aux soupçons et aux violences d'un maître que je me suis donné pour le reste de ma vie. Plût au ciel que ce fût encore le seul risque que j'eusse à courir ! Par pitié pour moi, cessez vos poursuites ; je vous en conjure par cet amour même qui fait votre malheur et le mien, et qui ne peut jamais vous rendre heureux.*

La pauvre Cosi-Sancta n'avait pas prévu qu'une lettre si tendre, quoique si vertueuse, ferait un effet tout contraire à celui qu'elle espérait. Elle enflamma plus que jamais le cœur de son amant, qui résolut d'exposer sa vie pour voir sa maîtresse.

Capito, qui était assez sot pour vouloir être averti de tout, et qui avait de bons espions, fut averti que Ribaldos s'était déguisé en frère carme quêteur pour demander la charité à sa femme. Il se crut perdu : il imagina que l'habit d'un carme était bien plus dangereux qu'un autre pour l'honneur d'un mari. Il aposta des gens pour étriller frère Ribaldos ; il ne fut que trop bien servi. Le jeune homme, en entrant dans la maison, est reçu par ces messieurs : il a beau crier qu'il est un très honnête carme, et qu'on ne traite point ainsi de pauvres religieux, il fut assommé, et mourut, à quinze jours de là, d'un coup qu'il avait reçu sur la tête. Toutes les femmes de la ville le pleurèrent. Cosi-Sancta en fut inconsolable. Capito même en fut fâché, mais par une autre raison ; car il se trouvait une très méchante affaire sur les bras.

Ribaldos était parent du proconsul Acindynus. Ce Romain voulut faire une punition exemplaire de cet assassinat, et, comme il avait eu quelques querelles autrefois avec le présidial d'Hippone, il ne fut pas fâché d'avoir de quoi faire pendre un conseiller ; et il fut fort aise que le sort tombât sur Capito, qui était bien le plus vain et le plus insupportable petit robin du pays.

Cosi-Sancta avait donc vu assassiner son amant, et était près de voir pendre son mari ; et tout cela pour avoir été vertueuse. Car, comme je l'ai déjà dit, si elle avait donné ses faveurs à Ribaldos, le mari en eût été bien mieux trompé.

Voilà comme la moitié de la prédiction du curé fut accomplie. Cosi-Sancta se ressouvint alors de l'oracle : elle craignit fort d'en accomplir le reste. Mais, ayant bien fait réflexion qu'on ne peut vaincre sa destinée, elle s'abandonna à la Providence, qui la mena au but par les chemins du monde les plus honnêtes.

Le proconsul Acindynus était un homme plus débauché que voluptueux, s'amusant très peu aux préliminaires, brutal, familier, vrai héros de garnison, très craint dans la province, et avec qui toutes les femmes d'Hippone avaient eu affaire uniquement pour ne pas se brouiller avec lui.

Il fit venir chez lui Mme Cosi-Sancta : elle arriva en pleurs ; mais elle n'en avait que plus de charmes. « Votre mari, madame, lui dit-il, va être pendu, et il ne tient qu'à vous de le sauver. — Je donnerais ma vie pour la sienne, lui dit la dame. — Ce n'est pas cela qu'on vous demande, répliqua le proconsul. — Et que faut-il donc faire ? dit-elle. — Je ne veux qu'une de vos nuits, reprit le proconsul. — Elles ne m'appartiennent pas, dit Cosi-Sancta ; c'est un bien qui est à mon mari. Je donnerai mon sang pour le sauver ; mais je ne puis donner mon honneur. — Mais si votre mari y consent ? dit le proconsul. — Il est le maître, répondit la dame : chacun fait de son bien ce qu'il veut. Mais je connais mon mari, il n'en fera rien ; c'est un petit homme têtu, tout propre à se laisser pendre plutôt que de permettre qu'on me touche du bout du doigt. — Nous allons voir cela », dit le juge en colère.

Sur-le-champ il fait venir devant lui le criminel ; il lui propose ou d'être pendu, ou d'être cocu : il n'y avait point à balancer. Le petit bonhomme se fit pourtant tirer l'oreille. Il fit enfin ce que tout autre aurait fait à sa place. Sa femme, par charité, lui sauva la vie ; et ce fut la première des trois fois.

Le même jour son fils tomba malade d'une maladie fort extraordinaire, inconnue à tous les médecins d'Hippone. Il n'y en avait qu'un qui eût des secrets pour cette maladie ; encore demeurait-il à Aquila, à quelques lieues d'Hippone. Il était défendu alors à un médecin établi dans une ville d'en sortir pour aller exercer sa profession dans une autre. Cosi-Sancta fut obligée elle-même d'aller à sa porte à Aquila, avec un frère qu'elle avait, et qu'elle aimait tendrement. Dans les chemins elle fut arrêtée par des brigands. Le chef de ces messieurs la trouva très jolie ; et, comme on était près de tuer son frère, il s'approcha d'elle, et lui dit que, si elle voulait avoir un peu de complaisance, on ne tuerait point son frère, et qu'il ne lui en coûterait rien. La chose était pressante : elle venait de sauver la vie à son mari, qu'elle n'aimait guère ; elle allait perdre un frère qu'elle aimait beaucoup ; d'ailleurs le danger de son fils l'alarmait ; il n'y avait pas de moment à perdre. Elle se recommanda à Dieu, fit tout ce qu'on voulut ; et ce fut la seconde des trois fois.

Elle arriva le même jour à Aquila, et descendit chez le médecin. C'était un de ces médecins à la mode que les femmes envoient chercher quand elles ont des vapeurs, ou quand elles n'ont rien du tout. Il était le confident des unes, l'amant des autres ; homme poli, complaisant, un peu brouillé d'ailleurs avec la faculté, dont il avait fait de fort bonnes plaisanteries dans l'occasion.

Cosi-Sancta lui exposa la maladie de son fils, et lui offrit un gros sesterce. (Vous remarquerez qu'un gros sesterce fait, en monnaie de France, mille écus et plus.) «Ce n'est pas de cette monnaie, madame, que je prétends être payé, lui dit le galant médecin. Je vous offrirais moi-même tout mon bien si vous étiez dans le goût de vous faire payer des cures que vous pouvez faire : guérissez-moi seulement du mal que vous me faites, et je rendrai la santé à votre fils. »

La proposition parut extravagante à la dame, mais le destin l'avait accoutumée aux choses bizarres. Le médecin était un opiniâtre qui ne voulait point d'autre prix à son remède. Cosi-Sancta n'avait point de mari à consulter; et le moyen de laisser mourir un fils qu'elle adorait, faute du plus petit secours du monde qu'elle pouvait lui donner! Elle était aussi bonne mère que bonne sœur. Elle acheta le remède au prix qu'on voulut; et ce fut la dernière des trois fois.

Elle revint à Hippone avec son frère, qui ne cessait de la remercier, durant le chemin, du courage avec lequel elle lui avait sauvé la vie.

Ainsi Cosi-Sancta, pour avoir été trop sage, fit périr son galant et condamner à mort son mari, et, pour avoir été complaisante, conserva les jours de son frère, de son fils et de son mari. On trouva qu'une pareille femme était fort nécessaire dans une famille, on la canonisa après sa mort pour avoir fait tant de bien à ses parents en se mortifiant, et l'on grava sur son tombeau:

UN PETIT MAL POUR UN GRAND BIEN.

Table des matières

Jeannot et Colin 7

Histoire des voyages de Scarmentado 15

Les deux consolés 23

Le monde comme il va 25

Le crocheteur borgne 41

Histoire d'un bon bramin 47

Le blanc et le noir 51

Songe de Platon 63

Lettre d'un Turc 67

Aventure indienne 71

Cosi-Sancta 73

Achevé d'imprimer en Italie par Grafica Veneta
en octobre 2014
Dépôt légal juillet 2013
EAN 9782290075623
OTP L21ELLN000550B002

—

Ce texte est composé en Lemonde journal et en Akkurat

—

Conception des principes de mise en page :
mecano, Laurent Batard

—

Composition : PCA

—

ÉDITIONS J'AI LU
87, quai Panhard-et-Levassor, 75013 Paris
Diffusion France et étranger : Flammarion

664